JN130273

Management plannning for beauty salon.
5年間で売上が倍になる
サロンのための経営計画
税理士法人古田土会計
JOSEI MODE

日本に存在する企業の99％は、従業員100人未満の中小企業です。
一方、国税庁によると、日本の企業の4分の3が赤字だといいます。前述の通り、企業のほとんどは中小企業ですから、中小企業の4分の3は、赤字経営なのです。赤字になることを目指す経営者はいませんので、すなわち経営者の4分の3は、不本意な経営を強いられているということです。
また、企業は、雇用を生み出すとともに、雇用した社員およびその家族の生活を守り、安定を図ることが社会的使命です。しかし、赤字経営では、その使命を果たしきれないこと。これが赤字経営の一番の問題点です。そして赤字であるということは、経営者が描くさまざまな夢の原資となるキャッシュが、減り続けるということでもあります。

さて、私たち古田土会計は、「日本中の中小企業を元気にする」という使命感のもと、「一番お客様に喜ばれる会計事務所」となるべく、主に中小企業の経営改善に関するお手伝いをしています。そして、その核となっているのが、経営計画書および月次決算書の作成・運用なのですが、私たちとともにこの経営計画書を作成し、運用している企業は、その81・3％が黒字を達成しています。

そうした企業の業種は多種多様です（その中には理美容業も含まれます）が、もともと黒字経営で、その基盤を盤石にするために当社へ相談を持ち掛ける、というケースはそう多くなく、「赤字経営から脱却したい」といらっしゃる方が大半です。しかし、そうした企業の業績が、経営計画書を活用することによって、驚くほど回復して、黒字に転換していくのです。

また、経営計画書とは、成長の道筋を描いた書でもあります。その成長率は、労働集約型産業である美容サロンにおいては、1年間で売上高にして15％が、達成困難でもなく、容易に達成できてしまうものでもない、ちょうどよい伸び率です。すると、この成長を5年間継続することで、

1・15×1・15×1・15×1・15×1・15＝2・01

と、本書の副題にもある通り、売上が倍になるのです。

以上の通り、経営計画書とは、赤字サロンを黒字に転換させ、5年間で売上を倍にする「魔法の書」。本書では、そのつくり方と使い方を詳しくお伝えしていきます。ぜひあなたのサロンでも、経営計画書を作成・運用していただきたいと希望しています。

サロンのための経営計画　目次

CHAPTER 1 007 経営計画が示すもの

CHAPTER 2 019 未来像と理念、使命感を持つ

CHAPTER 3 043 戦略を立てる

CHAPTER 4 067 戦術をつくる

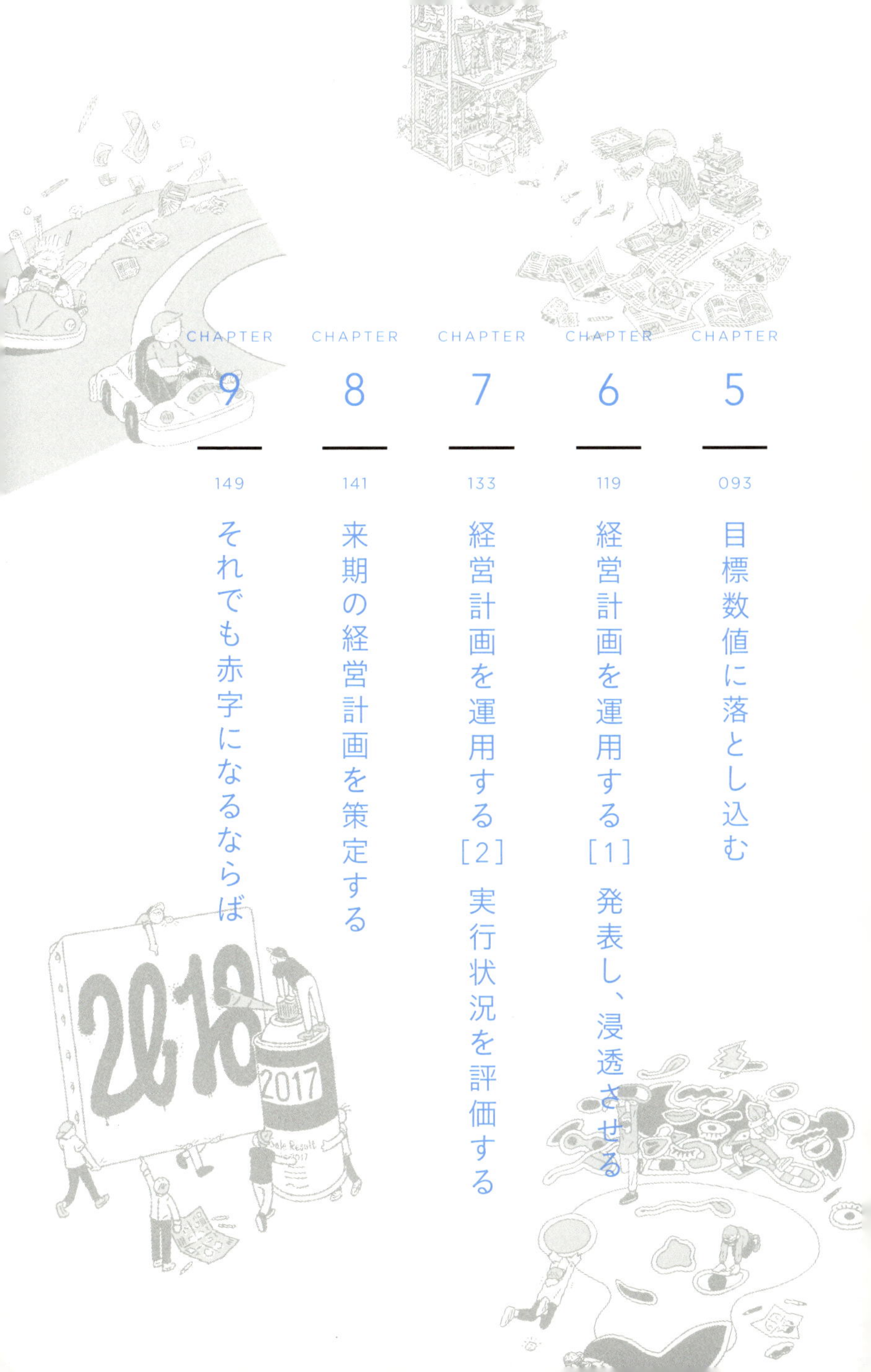

CHAPTER 5
093
目標数値に落とし込む

CHAPTER 6
119
経営計画を運用する［1］発表し、浸透させる

CHAPTER 7
133
経営計画を運用する［2］実行状況を評価する

CHAPTER 8
141
来期の経営計画を策定する

CHAPTER 9
149
それでも赤字になるならば

CHAPTER 1

経営計画が示すもの

経営者の最も大事な役割・使命と経営計画

経営者の最も大切な役割とは何でしょうか？
サロンの経営者はよく「お客さま第一主義」を理念に掲げます。もちろん、これも立派な心掛けです。しかし、経営者としては、まず社員の幸せ、つまり「スタッフを雇用し、スタッフとその家族の生活を安定させ、幸せにすること」を考えるべきです。
スタッフの生活安定のためには、倒産させないことが大前提です。また、より高い給料を、社員に与え続けていくことも重要です。そして、高い給料を与えるには、利益を増やし続けていかなくてはいけません。お客さま第一主義は、これらと同時に掲げるべきもの。幸せでないスタッフに、お客さまも髪を切ってもらおうとは思いません。
つまり、経営者の役割とは、①社員第一主義の徹底、②継続的な成長、③財務体質の強化、に集約されます。そして、これらの実現に向けては、経営理念や使命感を全員で共有し、全社一丸となって動ける体制を築くとともに、収益構造を正しく把握することが必要ですが、これら全てを実現させるのが経営計画なのです。

経営者の役割

1. 社員とその家族を幸せにすること
   社員第一主義の徹底

2. そのために、来期は今期よりも高い給料を社員に支払うこと
   継続的な成長

3. そのために、利益を増やすこと
   財務体質の強化

経営者の仕事

1. サロンの経営理念・使命感を明確にして、
   社内に浸透させる（戦略）

2. 社員が一丸となれる施策を打ち出し、
   全員が頑張って働ける環境をつくる（戦術）

3. サロンの収益構造を正しく認識し、
   事業を通じてお金を稼ぎ、お金が残るようにする
   （利益計画）

経営計画書と事業計画書の違い

経営計画と聞いて、「創業前に作成した事業計画書は、経営計画とは違うの?」と思うかもしれません。そこで、経営計画書と事業計画書の違いについて、まず整理したいと思います。

事業計画書は、創業から数年後までの売上計画や増員・出店計画など金融機関へ開示して、融資を得ることが最大の目的です。もちろん、その計画は大事ですし、経営計画をはじめとしたサロン運営を考える際の基礎ともなりますが、事業計画書には、「どのようにして計画を達成するか」という仕組みは含まれていません。

一方、経営計画書は、かなえたい未来像を実現するために、「何を、誰が、どのようにすればよいか」を具体的に定めているという点で、事業計画書と異なります。

本書では、この経営計画書について、「なぜ作成するか」「どうやって作成し、運用するか」を述べていきます。

CHAPTER 1

経営計画が示すもの

011

経営計画のつくり方

本書で扱う「経営計画」は、利益を出し、社員を幸せにするために立てるものです。その経営計画は、次の順序で検討していきます。

①「未来像」と②「理念」「使命感」を固める

未来像とは「社員の幸せな未来」と「会社の未来」。これらをしっかり固めた上で、必要な利益を計算します。また、その未来像をスタッフと共有するキーワードが「理念」、お客さまへの約束として打ち出すのが「使命感」です。

「未来像」「理念」「使命感」については、第2章で述べていきます。

③戦略を決める

次に、必要な利益を確保するための戦略を打ち立てます。この戦略決めは、経営者にしかできない、大事な仕事です。

戦略については、第3章で述べていきます。

④戦術を遂行する

経営者が決めた戦略に従って、利益を最大化するために行なう、具体的なやり方（戦い方）が戦術です。戦術の決定と遂行は、店長・スタッフ主導で行ないます。
戦術については、第4章で述べていきます。

⑤目標数値を定める

各年・各月で、誰が、どれだけの売上をつくり、経費をかければいいかを決めます。
目標数値については、第5章で述べていきます。

⑥計画を運用する

せっかく立てた経営計画も、運用しなければ意味がありません。きちんと運用できるような体制をつくることが必要です。
計画の運用については、第6章で述べていきます。

⑦評価する

経営計画と、実際の成績とを比較し、達成・未達成を評価することも必要です。
運用の評価については、第7章で述べていきます。

⑧次の経営計画を立てる

前年の実績をもとに、次期の経営計画を立て、これを毎年繰り返していきます。
来期の経営計画策定については、第8章で述べていきます。

経営計画のつくり方

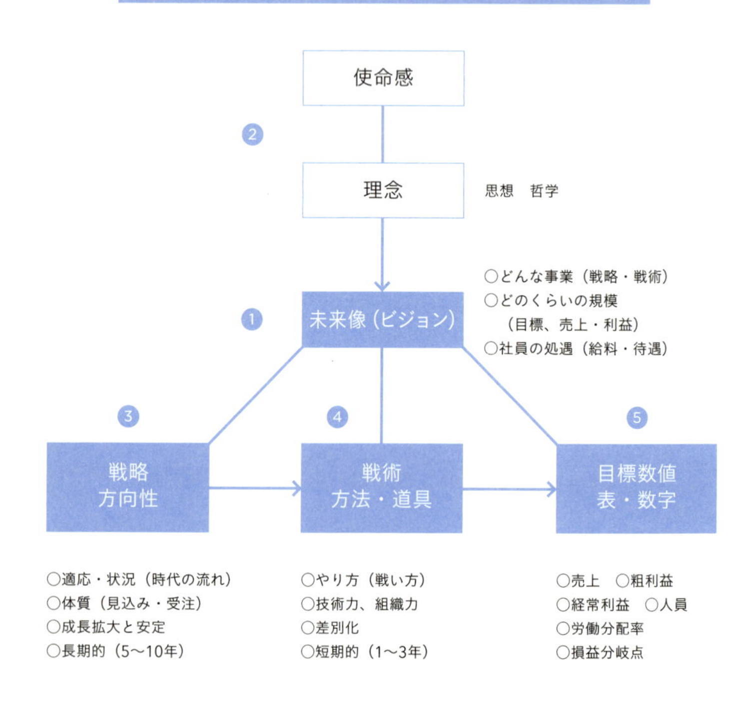

※①〜⑤は経営計画を立てる際に検討する順番

経営計画の使い方

❶〜❺	Plan	経営計画を立てる
❻	Do	経営計画を運用する
❼	Check	経営計画を評価する
❽	Act	改善し、 次期の経営計画を立てる

経営理念 | 使命感 | 長期事業構想 | 中期事業計画 | スタッフの未来像

お客さま | ライバル | 商品・サービス | 値決め | 場所 | 販売促進 | 組織

商品・サービス	お客さま	教育システム	スタッフ	出店
技術売上 店販	接客 クレーム	技術教育 マインド教育 採用 環境整備	評価・給与 福利厚生	コンセプト 店長 夢貯金・借入・ 利益・出店規模

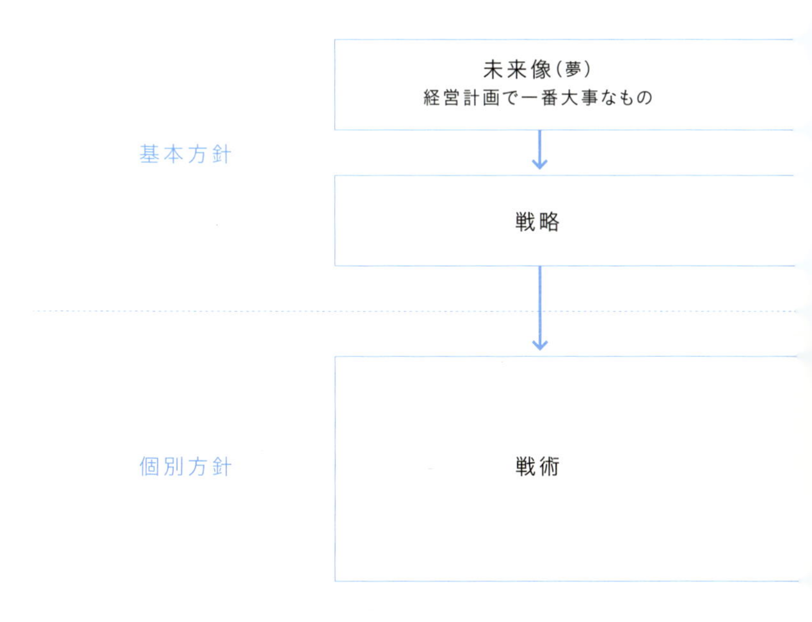
サロン経営方針MAP
基本方針
未来像（夢）
経営計画で一番大事なもの
戦略
個別方針
戦術

CHAPTER

1

まとめ

以下の質問に答えて、経営計画をつくる意義を考えましょう。

- 誰のために・何のために、サロンを経営していますか？
- サロンの経営を通じ、経営者として何を実現したいと考えていますか？
- 経営者としてできる、スタッフが喜ぶことは何ですか？

CHAPTER 2

未来像と理念、使命感を持つ

未来像とはスタッフと社会への約束

前章にて、経営計画を立てるには、まず未来像が必要であること、また、未来像とは「スタッフと会社が幸せになるために必要な利益を決めるもの」だと述べました。利益とは、社会（お客さま）の役に立ち、幸せにすることで得るものですから、未来像とは「スタッフやお客さまを幸せにする」という経営者の約束だといえます。

では、未来像とは何でしょうか？　以下、構成する5つの要素を詳述していきます。

①スタッフの未来

「スタッフの未来」とは、活躍できるポストと待遇を具体的に提示したものです。

スタッフの未来を示すことで、スタッフは「何をすれば幸せになれるか」を具体的に想像できるようになり、明確な目標が持てます。そして、未来像を「自分たちが幸せになるためのもの」として受け止めます。

つまり、「スタッフの未来」とは、スタッフの夢と経営者の夢とをつなぐものだといえるでしょう。

②長期事業構想

将来、「どんな事業を」「どの程度の規模で行ない」、それらを通じて、お客さまにどういった価値（幸せ）を提供して利益を得るか。また、利益をもとに「スタッフへどのような待遇を」約束するか。

これらの決意を具体的な言葉で表すものが、長期事業構想です。

「スタッフの未来」はスタッフへの約束ですが、「長期事業構想」は、スタッフとお客さまの双方に対する約束だといえます。

長期事業構想は、現状をもとに、5年先から20年先ぐらいまで、5年刻みに構築していくとよいでしょう。

③中期事業計画

長期事業構想が「言葉」で決意を示すものならば、中期事業計画は、5年先までの経営目標を、1年単位で、より具体的な「数値」に落とし込むものです。

核は「未来像」

○ 未来像とは……

「人の役に立つ」という価値観を土台にした、
経営者の夢

○ 未来像を決める5つの要素

1. スタッフの未来……将来のポストと給与
2. 長期事業構想……10～20年先の事業内容・規模とスタッフの待遇
3. 中期事業計画（数値）……今後1～5年の数値目標
4. 経営理念……スタッフへのメッセージ
5. 使命感……お客さまへのメッセージ

① スタッフの未来の例

ポスト	条　件	月　給
ディレクター	月間売上200万円以上	45万円保証＋業績給
取締役	ハサミを置き、管理部門に転身	40万円保証＋業績給
技術講師	サロン内教育や外部セミナーを担当	35万円
独立支援	店長として3期連続黒字達成後独立	退職金＋支援金100万円
………	………	………

10年後 →	15年後 →	20年後
トータルビューティー業	……	……
◯大人世代サロンの出店 ◯ジュニアサロンの出店	……	……
◯美のトータルプロデュース ◯半日過ごせる美容室	……	……
1億5000万円	……	……
4店舗	……	……
2000万円	……	……
18人	……	……
◯ディレクター：65万円 ◯店長：50万円 ◯スタイリスト：33万円 ◯エステティシャン：28万円 ◯パートスタイリスト：20万円	……	……

② 長期事業構想の例

	現状 →	5年後 →
事業種目	美容業	美容・ネイル業
店舗展開		○現店舗を中心地に移転 ○ネイリスト常駐店を出店
お客さまへの価値提供	○丁寧なカット ○プロのヘアカラー	○美のプロデュース ○髪質改善
売上高	2100万円	6200万円
店舗数	1店舗	2店舗
内部留保	200万円	600万円
スタッフ数	3人	7人
スタッフの待遇	○スタイリスト:26万円 ○アシスタント:18万円	○ディレクター:60万円 ○店長:45万円 ○スタイリスト:30万円 ○ネイリスト:25万円 ○アシスタント:20万円

（万円）

	3年後	4年後	5年後
2450	2800	3250	3750
300	350	400	450
2750	3150	3650	4200
270	320	370	420
2480	2830	3280	3780
115%	115%	116%	116%
900	920	1280	1400
300	300	300	300
140	160	180	200
600	750	770	920
1940	2130	2530	2820
540	700	750	960
0	0	0	0
540	700	750	960
180	220	250	320
360	480	500	640
1	2	2	2
1.5	1.5	2	2
2.5	3.5	4	4

③ 中期事業計画の例

項目			現状	1年後	2年後
事業計画	技術売上		1900	2150	
	店販売上		200	250	
	売上高合計		2100	2400	
利益計画	売上原価		200	240	
	粗利益高		1900	2160	
	事業成長率		–	114%	
	内部費用	人件費	760	800	
		地代家賃	300	300	
		広告宣伝費	100	120	
		その他費用	440	500	
		内部費用合計	1600	1720	
	営業利益		300	440	
	営業外損益		0	0	
	経常利益		300	440	
	税金		100	140	
	税引後利益		200	300	
要員計画	正社員		1	1	
	パートタイマー		1	1.5	
	合計		2	2.5	

理念はスタッフへの、使命感はお客さまへのメッセージ

「スタッフの未来」「長期事業構想」「中期事業計画」は、経営者の夢や目標を、言葉や数値によって具体的に表したものだといえます。

しかし、いくら立派な夢を掲げたところで、スタッフがそれを支持せず、ばらばらに動いていては、実現は不可能です。

言い換えると、夢を実現するには、全員が一丸となるためのキーワード、すなわち「自分たちはどうあるべきか・どう進むべきか」という指針が必要です。そして、その指針となるのが、経営理念と使命感です。

これらを定めるに当たり、最も重要なのは、分かりやすい言葉で表現すること。言葉や内容が不明確では、スタッフも何をどう行動したらいいかが分かりません。これでは経営理念や使命感が存在しないのと同じです。

④経営理念

経営理念とは、あなたがサロンを開業し、経営を続けている理由そのものです。また、その理由をスタッフに示すための言葉だともいえます。前述の通り、未来像とは「約束」ですが、経営理念とは、その約束をスタッフへ端的に示すメッセージです。

つまり、「経営理念を共有する」とは、「なぜ、このサロンに所属し、仕事をするか」という理由を共有することと同義です。

⑤使命感

お客さまに対し、自分たちが何を提供し、お客さまの役に立ちたいか。その思いを示すのが使命感です。

使命感には、大きく3つの役割があります。

まず、「お客さまとどう接していくか」について、スタッフの意識を統一すること。

次に、お客さまへの約束を明示すること。経営理念が対スタッフへのメッセージであるのとは、ちょうど対になります。

3つめは、お客さまにサロンを身近に感じてもらうこと。「このサロンはどんな思いで仕事をしているのか」が分かると、お客さまは応援したくなります。その応援がまた、未来像を実現する推進力となるのです。

以上の通り、経営理念も使命感も、伝える相手こそ違いますが、経営者の夢を共有するという点では変わりありません。

さて、ここまでに述べた未来像を定める上で、絶対に外してはいけない条件がありま す。それは、「高収益を上げるために構想するもの」だということです。

繰り返し述べているように、経営者の大事な役割は、事業活動を通じて利益を出し、活躍できる場と高い給料をスタッフに与えて、スタッフとその家族を幸せにすることにあります。「自分が生活できさえすればいい」「スタッフの生活はスタッフ自身が考えればいい」といったような、他者の幸せを考慮しないものは、未来像とはいえません。

④ 経営理念

◯ スタッフに向けた「未来像（夢）」
◯「なぜ、独立開業したのか」「何のために経営しているのか」という思い
◯ スタッフがわくわくできる内容を、端的に表現する

例）　古田土会計の経営理念

一、社員の幸せを追求し、人間性を高める
　(1) 一生あなたと家族を守る（会社が全従業員に約束します）
　(2) よい習慣を身につける
　(3) 常に考え行動する

二、お客様に喜ばれ、感謝される
　(1) 原理・原則にのっとった正しい経営をするように導く
　(2) 数字に強い経営者・幹部・社員を育てる

⑤ 使命感

◯ お客さまに向けた「未来像（夢）」
◯「事業を通じて実現したいこと」への思い
◯ 短く（15字程度）、覚えやすく、シンプルな言葉で表現する

例）　古田土会計の使命感

「日本中の中小企業を元気にすること」

←次ページより、あなたのサロンの未来像を描いていきましょう。

私たちの夢を考える27の質問

Q1　子どものころなりたかった夢は何ですか？
Q2　子どものころ、両親・きょうだい・友人から言われた長所は何ですか？
Q3　子どものころ、両親・きょうだい・友人から言われた短所は何ですか？
Q4　今までの人生で一番つらかったことは何ですか？
Q5　Q4をどうやって乗り越えましたか？
Q6　Q4を乗り越えたことで何を得ましたか？
Q7　10年やり続けても苦にならないことは何ですか？
Q8　家族にどう思われていますか？
Q9　なぜ独立したのですか？
Q10 なぜ美容の仕事を選んだのですか？
Q11 他サロンとの違いは何ですか？
Q12 技術以外でどんなことを褒められますか？
Q13 お客さまが驚くことは何ですか？
Q14 サロンで最も自信があること（ライバルがまねできないこと）は何ですか？
Q15 Q14のライバルはなぜまねできないのですか？
Q16 お客さまにもっと理解してほしいことは何ですか？
Q17 お客さまから言われて最もうれしかったことは何ですか？
Q18 お客さまから言われて最も悲しかったことは何ですか？
Q19 スタッフから言われて最もうれしかったことは何ですか？
Q20 スタッフから言われて最も悲しかったことは何ですか？
Q21 どんなスタッフと働きたいですか？
Q22 スタッフとどのように関わっていきたいですか？
Q23 スタッフにどのような幸せ（成長）を得てほしいですか？
Q24 ヒト・モノ・カネがそろっている場合、
　　お客さまにどんなサービスを提供したいですか？
Q25 あなたは美容業界で最も影響力のある人になりました。
　　美容業界の何を変えますか？
Q26 一つだけ願いがかなうならば、何をお願いしますか？（自分と家族以外で）
Q27 人生を終えるとき、どういう人だったと言われたいですか？

私たちの夢は…

スタッフに対しては、

（経営理念）

お客さまに対しては、

（使命感）

です。

スタッフの未来を考える質問

一人のスタッフを思い浮かべてください。そのスタッフに対して、
❶ 実現させたい夢
❷ その夢を実現させるために必要なポストと待遇（月給）
❸ そのポストに就任するために必要な条件
はそれぞれ何ですか？

❶ 実現させたい夢

❷ 実現に必要なポストと待遇

❸ ポスト就任に必要な条件

これを、スタッフ一人ひとりについて考え、
❷❸で重複する分などを整理し、左ページの表にまとめましょう。

①スタッフの未来

ポスト	条　件	月　給

10年後 → 15年後 → 20年後

② 長期事業構想

	現状 →	5年後 →
事業種目		
店舗展開		
お客さまへの価値提供		
売上高		
店舗数		
内部留保		
スタッフ数		
スタッフの待遇		

（万円）

	3年後	4年後	5年後

③ 中期事業計画

項目			現状	1年後	2年後
事業計画	技術売上				
	店販売上				
	売上高合計				
利益計画	売上原価				
	粗利益高				
	事業成長率				
	内部費用	人件費			
		地代家賃			
		広告宣伝費			
		その他費用			
		内部費用合計			
	営業利益				
	営業外損益				
	経常利益				
	税金				
	税引後利益				
要員計画	正社員				
	パートタイマー				
	合計				

経営理念を考える質問

Q1　33ページの「私たちの夢（対スタッフ）」
の中からこの言葉は外せない」と思う
キーワード・文章は何ですか？

Q2　Q1の言葉を端的に言うと何ですか？

Q3　Q1の言葉を他の言葉に言い換えると何ですか？

↓

（サロン名）＿＿＿＿＿＿＿＿＿＿の経営理念

使命感を考える質問

Q1　33ページの「私たちの夢（対お客さま）」の中から、「この言葉は外せない」と思うキーワード・文章は何ですか？

Q2　Q1の言葉を端的に言うと何ですか？

Q3　Q1の言葉を他の言葉に言い換えると何ですか？

↓

（サロン名）＿＿＿＿＿＿＿＿の使命感

CHAPTER 2 まとめ

以下の質問に答えて、未来像、理念、使命感を固めましょう。

- スタッフ&お客さまに対して実現したい夢は何ですか？
- スタッフに用意する働き方（ポスト）は何ですか？
- 20年後には、どんな事業を、どのくらいの規模で展開したいですか？
- 5年後に、どれだけのキャッシュを得たいですか？
- スタッフに対し、どんなことを宣言しますか？
- お客さまに対し、どんなことを宣言しますか？

CHAPTER 3

戦略を立てる

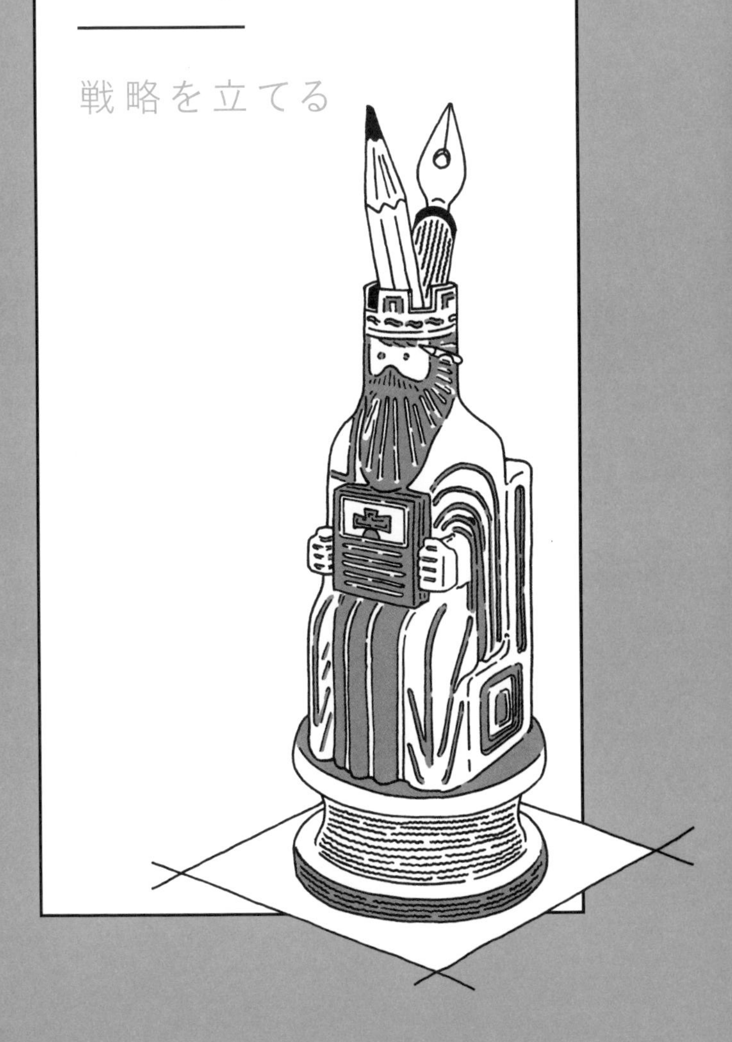

戦略を決定するまでは
経営者の仕事

前章で述べた未来像を実現するため、サロンがどう進み、利益を確保し続けていくかについて示すのが「戦略」です。戦略を、別の言葉で平たく表すと、時代の流れに合わせ、「誰に、何を売るか」という方向性を決めることだともいえます。

戦略を決める際、経営者は、スタッフや外部の人などに意見を求めることはできます。しかし最終的な決断を下すことは、経営者のみに課せられた仕事です。

戦略として決める内容は、

①マーケット
②差別化の内容
③組織

の3つ。まずマーケットを決め、そのマーケットでライバルと差別化できる内容を決め、そして、差別化するために必要な組織の骨格を決める、という流れで戦略を打ち立てていきます。

戦略とは

「誰に」＝どのマーケットに

「何を」＝どんな差別化商品を

売るかを決定すること

戦略の決め方

① マーケットを決定する

対象となる「お客さま（ターゲットとニーズ）」は？

そのお客さまを取り合う「ライバル」は？

② 差別化の内容を決定する

打ち出す「商品・サービス」は？

設定する「値段」は？

提供する「場所」は？

「販促」の方法は？

③ 組織を決定する

戦略を実現するための「組織」は？

ターゲットとニーズから差別化の内容を決める

①マーケット

マーケットは、「来店の可能性があるお客さま（ターゲット）の人数」と「ライバルの数」で決まります。

ターゲット層を広く取れば、それだけターゲット人数も増えますが、代わりにサロンの特徴が打ち出しづらくなり、かつ、ライバルも増えます。

戦略を立てる際は、まず想定するターゲットをある程度絞り込んでライバルを減らし、その上でお客さまのニーズを分析し、明確化していくことから始めます。

②差別化の内容

次は、そのターゲット客に、ライバル店ではなくあなたのサロンに来店してもらうための「強み」、つまり差別化の内容を決めていきます。

具体的には、

「商品・サービス」

「値段」
「場所」
「販売促進」
の4つの点から自サロンとライバルサロンを分析し、自サロンが勝っているところ、逆にライバルサロンが勝っているところを洗い出します。
ここまでについては、次ページからの質問に答え、58ページの戦略マップに書き出していくと整理しやすくなります。

③組織

差別化する内容が決まれば、その差別化のために必要な組織を組み立てていきます。
例えば、カット技術で差別化するならば、「カット研究チーム」をつくり、技術部門のトップを置く、トレンドサロンというブランディングを推進するならば「トレンド分析グループ」を立ち上げる……など、具体的に「戦う組織」を決定していきます。
このようにして組織が決まれば、後はその組織に所属する各スタッフが、戦略に従って、それぞれ具体的な戦術（やり方）を決め、推進していきます。

お客さま（ターゲットとニーズ）とは？

戦略でいう「お客さま」とは、自店に来ていただける可能性があるお客さまのこと。戦略を考える上では、まず、そのお客さまがどんな方なのかを明確にしていきます。

ターゲットを絞り込むと、そのお客さまの像がはっきりするため、そのお客さまのニーズも明確になり、ライバルも減ります。ただし、絞り込みすぎるとお客さまのパイ自体が減ってしまう点、注意が必要です。

一方で、多くのお客さまを取り込みたいからと、ターゲットをあまり絞り込まないでいると、強力なライバルが現れやすく、また、お客さまのニーズもつかみづらくなり、特に小さなサロンでは集客・顧客化に苦労しがちです。

つまり、

○ターゲット

○ニーズ

の双方から、獲得すべきお客さまを明らかにしていきます。

お客さまを考える質問

＜ターゲット＞

Q1　お客さまのどのような悩みを解決しますか？

Q2　どのようなお客さまに来てほしいですか？

Q3　あなたのサロンはどのようなお客さまにぴったりですか？

Q4　あなたのサロンはどのようなお客さまにはそぐわないですか？

Q5　美容業界のトレンドは何ですか？

Q6　美容業界の課題・問題は何ですか？

Q7　美容業界の時代遅れな点は何ですか？

＜ニーズ＞

Q1　ターゲットとするお客さまの悩み・不安・課題・恐怖を
10個挙げてください。

Q2　この中で、あなたのサロンで解決できるものを、
自信のあるものから順に3つ挙げてください。

Q3　そのお客さまの悩みの中で、
多くのサロンが解決できていないことは何ですか？

Q4　そのお客さまが、人には言えないが密かに求めているものは何ですか？

商品・サービスとは？

戦略でいう「商品・サービス」とは、単に「サロンで売っているモノ」ではなく、ターゲットとなるお客さまにとって、「選び、購入する価値があるコト」を指します。言い換えると、ターゲットのお客さまが選び、購入する価値、すなわち、「モノ」ではなく「コト」の原点をどこに置くかという判断が、経営者の大事な仕事です。

さて、サロンにおける商品・サービスの価値とは、

経営理念×技術×接客×評判

で決まります。

どれかがゼロなら、価値もゼロになります。あなた自身にも「あのお店は、○○も△△もいいのだけれど、□□が気に入らないから行かない」というお店があると思いますが、この掛け算は、その心理を表しています。

この掛け算の価値がライバル店より高ければ、お客さまに選んでいただけます。

商品・サービスを考える質問

＜経営理念の比較＞
Q1　あなたのサロンの経営理念は何ですか？
Q2　ライバル店の経営理念は何ですか？
Q3　あなたのサロンにとって、目標・理想とする
　　サロンの経営理念は何ですか？

＜技術の比較＞
Q1　あなたのサロンの技術で、他店より優れているところは何ですか？
Q2　ライバル店の技術で、優れているところは何ですか？
Q3　ライバル店の技術で、劣っているところは何ですか？
Q4　あなたのサロンが目標・理想とするサロンにおいて、
　　技術面で優れている点は何ですか？
Q5　あなたのサロンが目標・理想とするサロンにおいて、
　　技術面で劣っている点は何ですか？

＜接客の比較＞
Q1　あなたのサロンの接客で、他店より優れているところは何ですか？
Q2　ライバル店の接客で、優れているところは何ですか？
Q3　ライバル店の接客で、劣っているところは何ですか？
Q4　あなたのサロンが目標・理想とするサロンにおいて、
　　接客面で優れている点は何ですか？
Q5　あなたのサロンが目標・理想とするサロンにおいて、
　　接客面で劣っている点は何ですか？

＜評判の比較＞
Q1　あなたのサロンは、お客さまからどのような印象を
　　持たれていると思いますか？
Q2　ライバル店は、お客さまからどのような印象を
　　持たれていると思いますか？
Q3　あなたのサロンが目標・理想とするサロンは、
　　お客さまからどのような印象を持たれていると思いますか？

値段とは？

「値決めは経営なり」とも言われるように、値段設定は経営を大きく左右する要素です。また、その値段設定は、スタッフが勝手に変えることはできません。つまり、値決めも戦略の一環として、経営者であるあなた自身が適切に決める必要があります。

さて、理想の値段とは何でしょうか？　その定義は、「お客さまがその商品に対し、許容していただける最高の金額」だといえます。

そして、「許容していただける最高の金額」を決めるのは、サロン内でいえば、前述した商品の価値（コト）を高めること、対外的には、ライバル店との価格競争です。

値段を考える質問

Q1　あなたのサロンの値段設定は高めですか？　安めですか？
Q2　ライバル店の値段設定は高めですか？　安めですか？
Q3　あなたのサロンにとって、目標・理想とするサロンの
　　値段設定は高めですか？　安めですか？
Q4　あなたのサロンの値段設定は、お客さまが許容してくださる
　　最高の金額になっていますか？

場所とは？

どれだけサロンで提供する商品の価値が高くても、また値段が安くても、商圏内にターゲットとなるお客さまの数が少なければ、苦しい経営を強いられます。これはライバルが多い場合も同様です。一般的には「駅前は好立地」といわれますが、ライバルも多数存在するため、必ずしも好立地とは限りません。

一方、もしもターゲットとなるお客さまが多数おり、しかもライバル店が1店もない、というエリアがあるならば、そこが駅や繁華街から離れていても、労せずしてエリアのお客さまを独占できます。

すなわち、サロンをどこに出店するかは、経営を大きく左右する要素ですが、この出店場所を最終的に決定できるのは経営者ですから、場所選びも大事な戦略です。

場所を考える質問

Q1　あなたのサロンの出店エリアはどこですか？
Q2　ライバル店の出店エリアはどこですか？
Q3　あなたのサロンにとって、目標・理想とする
　　サロンの出店エリアはどこですか？
Q4　あなたのサロンの出店エリアに、ターゲットとなるお客さまは
　　何人いますか？

販売促進とは？

販売促進とは、スタッフ個人の魅力に頼るのではなく、サロン全体の「仕組み」として集客・顧客定着化・単価アップなどに取り組むことをいいます。

具体的には、

○**集客**
○**再来**
○**ファン化**

のそれぞれについて、仕組み化するための骨格を検討していきます。

販売促進を考える質問

＜集客対策の比較＞

Q1　あなたのサロンはどのような集客対策を実施していますか？
Q2　ライバル店はどのような集客対策を実施していますか？
Q3　あなたのサロンにとって、目標・理想とするサロンは、
　　どのような集客対策を実施していますか？

＜再来対策の比較＞

Q1　あなたのサロンはどのような再来アップの対策を実施していますか？
Q2　ライバル店はどのような再来アップの対策を実施していますか？
Q3　あなたのサロンにとって目標・理想とするサロンは、
　　どのような再来アップの対策を実施していますか？

＜ファン化対策の比較＞

Q1　あなたのサロンはどのようなファン化の対策を実施していますか？
Q2　ライバル店はどのようなファン化の対策を実施していますか？
Q3　あなたのサロンにとって目標・理想とするサロンは、
　　どのようなファン化の対策を実施していますか？

販売促進の7steps

集客
1　知ってもらう
2　リスト化する
3　つなぎとめる
4　初来店する

再来
5　つなぎとめる
6　リピートを促進する

ファン化
7　ファン化する

B.　自サロンと、ライバルサロンや理想サロンの分析

		自サロン	ライバルサロンや理想サロン
商品・サービス	経営理念		
	技　術		
	接　客		
	評　判		
値段			
場所			
販売促進	集　客		
	再　来		
	ファン化		

戦略マップを作成する

前ページまでの分析を、下の戦略マップに記入していきます。

A.　お客さまの分析

〈ターゲット〉

〈ニーズ〉

B.　自サロンと、ライバルサロンや理想サロンの分析

		自サロン	ライバルサロンや理想サロン
商品・サービス	経営理念	最先端の美でお客さまに幸せを	地域の女性を日本一美しい女性にする
	技　術	飛び抜けて優れた技術者が1人	全員が一定水準の技術力を持つ
	接　客	丁寧	フレンドリー
	評　判	敷居が高い	30代女性に人気
値段		カット6,000円 客単価12,000円	カット5,500円 客単価11,000円
場所		駅から5分、商店街を抜けた先の路面店（不利）	駅から3分、商店街中心部の路面店（有利）
販売促進	集　客	口コミ 50%、チラシ 20%、飛び込み10%、その他20%	口コミ 80%、飛び込み20%
	再　来	次回予約推進	再来クーポン
	ファン化	ブログ、Facebook	ニューズレター

戦略マップの作成例

A.　お客さまの分析

〈ターゲット〉

地域で最も美意識の高い、30代女性。

例）高級アパレル店の経営者とスタッフ、女性経営者、経営者の妻…など

〈ニーズ〉

価格は高くても、自分に似合い、かつ「若返る」ことができる最先端の技術とデザインを、トータルに提供してほしい

組織図とは？

組織図とは、戦略マップで分析した内容を元に取り決めた、「重点項目＝やるべきこと」を実行するための設計図です。

組織図を描くことができるのは、経営者だけ。だからこそ、やるべきことを最も効率よく実行するための組織をつくらなくてはなりません。

○役職は？

○スタッフ数は？

○店舗数は？

○専門部署は？

これらが定まることによって、次章で述べる「戦術づくり」が可能となります。

組織図を考える質問

Q1　戦略を実現するために必要な役職・組織は何ですか？
Q2　Q1の役職は何人必要ですか？
Q3　Q1の組織を運用するために必要なスタッフ数は何人ですか？
Q4　戦略を実現するために必要な店舗数は何店舗ですか？
Q5　戦略を実現するために必要な部署は何ですか？

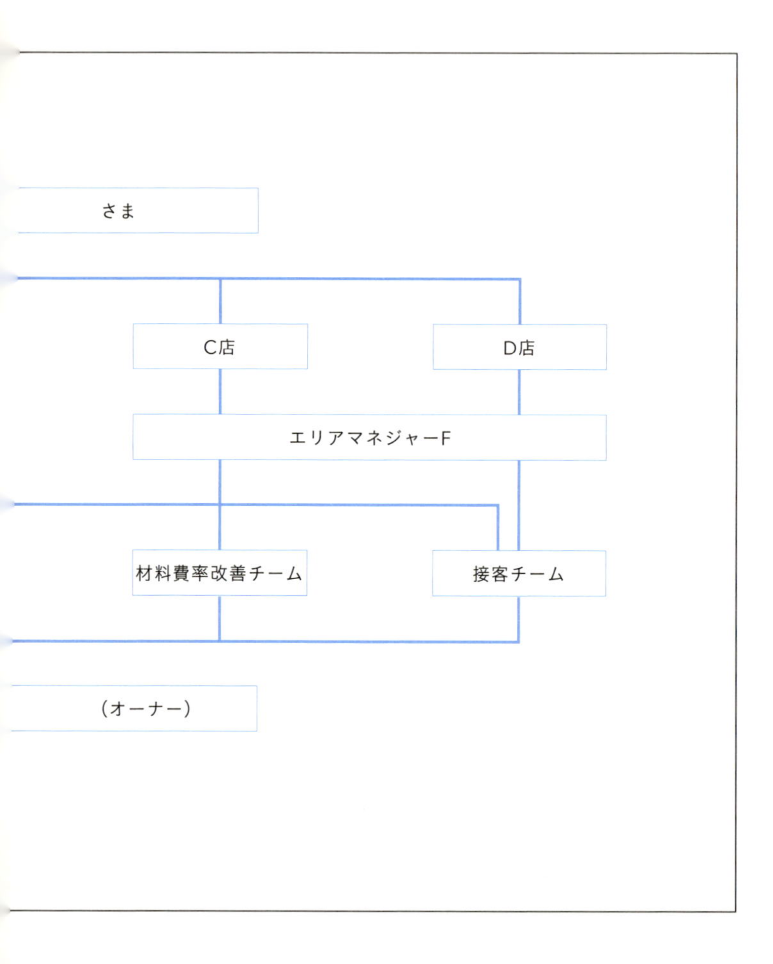
さま
C店
D店
エリアマネジャーF
材料費率改善チーム
接客チーム
（オーナー）

戦略を実現するために必要な組織図の例

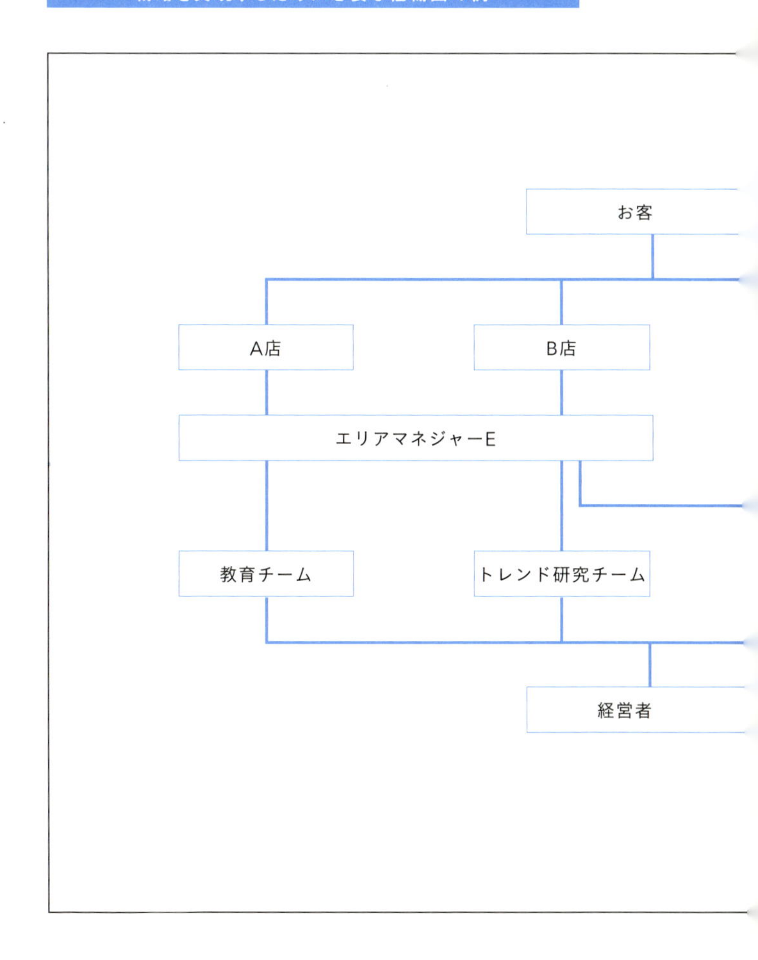

CHAPTER

3

まとめ

以下の質問に答えて、戦略づくりを整理しましょう。

- あなたのサロンのターゲットは誰ですか？
- ターゲットの悩みは何ですか？
- その悩みを解決できるライバルは、具体的にどこですか？
- そのライバルに対し、どのように勝ち抜いていきますか？

CHAPTER 4

戦術をつくる

具体的な戦術方針は全員で決める

戦略をもとに、マーケットで勝利する方法を、具体的に定めていくものが「戦術」。

①商品・サービス
②お客さま
③採用・教育システム
④スタッフ
⑤出店

に対して、「私たちにとってどんな意味を持つか（定義）」「どのような行動が理想で、現状の何を変えていけばいいのか（行動指針）」を、70ページからの質問事項をもとに定めていきます。その定義は、短く具体的な、ごろのよい言葉を選ぶのが理想です。

また、戦術は原則、全員で検討していきますが、このうち、①と⑤は経営者が主導で、②③④は現場をよく知り、実際に行動する店長やスタッフが主導で決めます。

なお、戦術は独創的でなくてもOK。すでに行なっている取り組みやライバル・異業種の事例などから、戦略に合致する内容をまねし、落とし込んでいくとよいでしょう。

戦術とは

「戦略を実現するために、現場でどう行動すべきか」
を、現場スタッフが具体的に決定するもの

戦術として決定する5つの個別方針

1. 商品・サービス
2. お客さま
3. 採用・教育システム（マインド、技術、採用、環境整備）
4. スタッフ
5. 出店（店舗のコンセプトや、店舗に据える店長、資金繰り）

個別方針の内容

○ 定義……「私たちにとって○○とは」　言葉の決定
○ 行動指針……「定義したことを××で実現する」
　行動の決定

商品・サービスに関する方針を考える

商品とは、モノではなくコト、お客さまの感じる価値のことを指します。お客さまへ、どんな価値を提供するために、あなたのサロンは存在するのか、32ページの「私たちの夢を考える27の質問」を参照しながら考えていきましょう。

○技術売上に関する方針

技術売上とは、サロン経営の根幹。他サロンと比較し、何が強みで、何に重点を置くべきかを、全員で共有するとともに、スタッフにどう行動してほしいのかを定めます。

○店販売上に関する方針

店販売上とは、「お客さまにどう美しくなってほしいか」を提案した結果です。店販へ正面から取り組むことで、お客さまの美を保つとともに、売上も伸びていきます。一方、店販はスタッフからの提案が欠かせないため、その提案力によって、売上にばらつきが出やすいのも特徴です。お客さまの美を保つために、美容師としてどうあるべきか、またどう提案すべきかについて、スタッフが理解し行動できるように定めます。

技術売上・店販売上について考える質問

＜技術売上の定義＞

Q1　「私たちの夢を考える27の質問」と、戦略マップの「商品・サービス」を参考にしながら、技術売上に関するあなたのサロンの強みを挙げてください。

Q2　Q1によって、お客さまが感じる価値（喜び）とは何ですか？

Q3　Q1〜2をまとめて定義にすると、どのようになりますか？

＜技術メニュー＞

あなたのサロンにとって、重要な技術メニューを3つ思い浮かべてください。
（例：カット・パーマ・ヘアカラー）

Q1　各メニューについて、理想的な施術をするスタッフを思い浮かべてください。
他のスタッフにまねしてもらいたいことは何ですか？

Q2　施術対応が不安なスタッフを思い浮かべてください。
そのスタッフに改善してもらいたいところは何ですか？

＜店販売上の定義＞

Q1　「私たちの夢を考える27の質問」と、戦略マップの「商品・サービス」を参考にしながら、店販売上に関するあなたのサロンの強みを挙げてください。

Q2　Q1によって、お客さまが感じる価値（喜び）とは何ですか？

Q3　Q1〜2をまとめて定義にすると、どのようになりますか？

＜店販品＞

Q1　理想的な店販提案をするスタッフを思い浮かべてください。
他のスタッフにまねしてもらいたいことは何ですか？

Q2　店販提案が苦手なスタッフを思い浮かべてください。
そのスタッフに改善してもらいたいところは何ですか？

←それぞれについて、次ページにまとめましょう。

技術売上に関する方針

＜定義について＞

定義（短く、具体的な、ごろのよい言葉で）

定義の解説

＜理想の行動と重点行動について＞

※メニュー名

について

※スタッフの理想的な行動、重点行動を箇条書きで記入してください。

理想

重点行動

店販売上に関する方針

＜定義について＞

定義（短く、具体的な、ごろのよい言葉で）

定義の解説

＜理想の行動と重点行動について＞

※スタッフの理想的な行動、重点行動を箇条書きで記入してください。
理想
重点行動

お客さまに関する方針を考える

お客さまとスタッフとは、「スタッフからお客さまへ：接客」「お客さまからスタッフへ：要望・クレーム」の双方向でコミュニケーションを取ります。このコミュニケーションが、お客さまにとっての居心地のよさと快適さを決めます。現場スタッフがどのように接客すべきか、「私たちの夢を考える27の質問」を参照しながら考えましょう。

○接客に関する方針

美容業は、人と人との関わりで成り立つ仕事であるため、接客は他店と差別化する重要な要素であるとともに、接客の振る舞い次第で、お客さまはファンにもアンチにもなります。お客さまに感動していただけるような接客とは、どのような振る舞いなのか、全員で共有すべきことを定めます。

○クレームに関する方針

クレームとは、商品・サービスの提供に失敗したときに、お客さまから発信されるサインです。そのサインをどのように受け取るか、全員で共有すべきことを定めます。

接客・クレームについて考える質問

＜接客の定義＞

Q1　「私たちの夢を考える27の質問」と、戦略マップの「商品・サービス」を参考にしながら、接客時に徹底すべき重要なキーワードを5個挙げてください。

Q2　Q1で最も重要だと思うキーワードを2つ挙げてください。

Q3　Q2のキーワードを心掛けることにより、お客さまはどのように感じますか？

Q4　これらをまとめて定義にすると、どのようになりますか？

＜接客行動＞

Q1　理想的な接客をするスタッフを思い浮かべてください。他のスタッフにまねしてもらいたいことは何ですか？

Q2　接客が苦手なスタッフを思い浮かべてください。そのスタッフに改善してもらいたいところは何ですか？

＜クレームの定義＞

Q1　クレームと聞いて、思い浮かぶキーワードを3つ挙げてください。

Q2　Q1で挙げたキーワードを結び付けて、定義にしてください。

＜クレーム対応＞

Q1　クレーム対応の理想はどのような行動と結果でしょうか？

Q2　現段階でできていることは何ですか？

Q3　現段階でできていないこと（課題）は何ですか？

←それぞれについて、次ページにまとめましょう。

接客に関する方針

＜定義について＞

定義（短く、具体的な、ごろのよい言葉で）

定義の解説

＜理想の行動と重点行動について＞

※スタッフの理想的な行動、重点行動を箇条書きで記入してください。

理想

重点行動

クレームに関する方針

<定義について>

定義（短く、具体的な、ごろのよい言葉で）

定義の解説

<理想の行動と重点行動について>

※スタッフの理想的な行動、重点行動を箇条書きで記入してください。

理想

重点行動

採用・教育システムに関する方針を考える

採用・教育システムは、「マインド教育」「技術教育」「採用」「環境整備」の4要素から成っています。また、マインド教育・技術教育はそれぞれ「知識（座学）」「実践（OJT）」の両面によって進めていきます。

○マインド教育

サロンの未来像を共有し、その未来像に沿った行動ができるような教育を定めます。

○技術教育

技術売上の質は、技術教育が支えています。未来像・戦略から、どの技術を重点的に教育すべきなのか、また、どうすれば質の高い教育ができるかについて定めます。

○採用

同じ未来像を共有し、同じ価値観を持つ仲間を増やすための採用基準を定めます。

○環境整備

環境とはサロンの風土。風土によって、教育の成否が決まります。

マインド教育について考える質問

Q1　なぜ、技術教育だけではダメなのでしょうか？
Q2　マインド教育を行なう理由は何ですか？
Q3　現状行なっているマインド教育は何ですか？
Q4　Q3の教育の課題は何ですか？
Q5　Q4の課題を解決するために取り組めることは何ですか？
Q6　現状実施しているマインドの実践教育は何ですか？
Q7　Q6の教育の課題は何ですか？
Q8　Q7の課題を解決するために取り組めることは何ですか？

技術教育について考える質問

Q1　なぜ、技術教育を行なう必要があるのでしょうか？
Q2　技術教育によって、お客さまはどのように喜びますか？
Q3　現状行なっている技術知識の教育は何ですか？
Q4　Q3の教育の課題は何ですか？
Q5　Q4の課題を解決するために取り組めることは何ですか？
Q6　現状実施している技術の実践教育は何ですか？
Q7　Q6の教育の課題は何ですか？
Q8　Q7の課題を解決するために取り組めることは何ですか？

採用について考える質問

Q1　どんなスタッフを採用したいですか？
Q2　どんなスタッフは採用したくないですか？
Q3　採用する上で、重視する価値観は何ですか？
Q4　採用する上で、必要な基準（条件）は何ですか？

環境整備について考える質問

Q1　サロンの環境（風土）を整備すべき理由は何ですか？
Q2　Q1の整備において、課題は何ですか？
Q3　Q2の課題を解決するために取り組めることは何ですか？

←それぞれについて、次ページにまとめましょう。

マインド教育に関する方針

定義（短く、具体的な、ごろのよい言葉で）

定義の解説

※取り組んでいる教育と今後取り組むべき教育を記入してください。

知識教育（現状）　（今後）

実践教育（現状）　（今後）

技術教育に関する方針

定義（短く、具体的な、ごろのよい言葉で）

定義の解説

※取り組んでいる教育と今後取り組むべき教育を記入してください。

知識教育（現状）　（今後）

実践教育（現状）　（今後）

採用に関する方針

定義（短く、具体的な、ごろのよい言葉で）

定義の解説

※スタッフを採用する際の価値観・基準を箇条書きで記入してください。

環境整備に関する方針

定義（短く、具体的な、ごろのよい言葉で）

定義の解説

※スタッフが育つ環境の条件を箇条書きで記入してください。

スタッフに関する方針を考える

スタッフに関する方針とは、スタッフがあなたのサロンで働く上での処遇を決めることです。戦術という観点でいえば、スタッフの役職に応じた評価・給与と、福利厚生についてそれぞれ定めていきます。スタッフ自身の生活・人生設計に直接影響することであり、スタッフが最も気にする項目だといえます。

〇評価・処遇

スタッフの役職に応じた役割は何か。また、役職によってどのように振る舞うべきか、そして、その役職に就くことで、給与がどのようになるのかを、役職ごとに定めます。

〇福利厚生

未来像を共有した優秀なスタッフに、安心して長く働いてもらうには、福利厚生の充実が必要不可欠です。どんな福利厚生制度があったら安心か、という観点で定めます。

評価・処遇について考える質問

Q1　どのようなスタッフを高く評価したいですか？
Q2　スタッフの給与水準は、どのようにしたいですか？
※Q3〜Q6は用意する役職ごとに考えてください。
Q3　理想的な振る舞いのできる役職者をイメージに浮かべてください。
　　その役職者の行動で、良いと思う行動は何ですか？
Q4　役職者で、これだけは絶対にしてほしくないと思うことは
　　何ですか？
Q5　役職者に、これだけはやってほしいと思うことは何ですか？
Q6　役職に就くと、給与はどうなりますか？

福利厚生について考える質問

Q1　スタッフの福利厚生をなぜ充実させる必要があるのでしょうか？
Q2　福利厚生を充実させることで、スタッフにどのように思って
　　もらえたらうれしいですか？
Q3　福利厚生で現在行なっている制度は何ですか？
Q4　もしあなたがスタッフの立場だとして、
　　「こんな福利厚生制度があったらいいな」と思うことは何ですか？
Q5　Q4をいつまでに実現しますか？

←それぞれについて、次ページにまとめましょう。

評価・処遇に関する方針

＜定義について＞

定義（短く、具体的な、ごろのよい言葉で）

定義の解説

＜具体的な処遇について：各役職ごとに考えてください＞

※役職名

について

※役職に求める役割・振る舞いと給与を箇条書きで記入してください。

福利厚生に関する方針

＜定義について＞

定義（短く、具体的な、ごろのよい言葉で）

定義の解説

＜具体的な制度について＞

※現在の制度のほか、今後取り入れたい制度を期日とともに
箇条書きで記入してください。

現在の制度

今後取り入れたい制度　　期日

出店に関する方針を考える

第2章の長期事業構想で決めた通りに、出店計画を実行するための方針です。出店を成功させることで、店長やマネジャー、チーフといった役職が増えるため、スタッフの未来像の選択肢を増やすことができる上、モチベーションも高まります。

ただし、出店は、以下の6つの条件が全て確固たるものとなって初めて成功します。

①新店舗のコンセプト
②店長になれる基準・条件
③手持ちの（十分な）キャッシュ・貯金
④（適正な）出店規模
⑤（十分な）借入
⑥新店で稼ぐべき年間のもうけ

その詳細は本書では省略しますが、出店を視野に入れているのであれば、それぞれについてしっかりと検討しておくことをおすすめします。

出店に関する方針

新店舗のコンセプト

店長になれる基準・条件

キャッシュ・貯金

出店規模

借入

年間のもうけ

	行動指針	
	理想	重点行動

5つの個別方針を1枚の表にまとめましょう

	定義
商品・サービス	
技術売上	
店販売上	
お客さま	
接客	
クレーム	
教育・採用	
マインド	
技術	
採用	
環境整備	
スタッフ	
評価・処遇	
福利厚生	
出店	
コンセプト	
店長	
キャッシュ・貯金	
出店規模	
借入	
年間のもうけ	

	行動指針	
	理想	重点行動
	地域で追随を許さない技術とデザイン	外部セミナー受講 集中トレーニング
	店販品購入比率70%	提案力向上トレーニング
	丁寧でいてフレンドリーな接客	お客さまとの関わり方の見直し マニュアル作成
	クレーム対応後の顧客満足度アップ	「無言のクレーム」の洗い出し
	経営理念の浸透	方針勉強会の開催 仕事の「凡事徹底」
	「地域一の美容師」の集団づくり	トレーニングシステムの効率化・見直し
	社風に合った人を毎年1人採用	美容学校回り、採用基準の見直し
	あいさつ、掃除、朝礼で磨く	まずはあいさつの徹底 あいさつは仕事に優先
	全員に適切なポストを用意	役職と役割の決定 給与水準の見直し
	社保完備	社保完備のための利益捻出
	30代女性の人生を変える	技術・デザイン・サービスの教育を徹底
	理念・ビジョン・コンセプトの理解と実行	リーダー候補の理念教育徹底
	5年後に1000万円をためる	利益確保と貯蓄
	スタッフ6人で出店・2000万円以内	出店ノウハウの習得
	借り入れは50%以内 投資は5年で回収	銀行融資申し込み
	初年度で黒字化 3年目で500万円の純利益	店長・スタッフ教育の徹底

5つの個別方針の表作成例

	定義
商品・サービス	
技術売上	美によってお客さまの人生を変えた成果
店販売上	髪質改善によってお客さまの髪への価値観を変えた成果
お客さま	
接客	お客さまへの感謝の心
クレーム	至らぬ所を知らせてくれるお客さまからのサイン
教育・採用	
マインド	人づくりの根幹
技術	商品・サービスの根幹
採用	マインドと技術を兼ね備えられる「素材」の見極め
環境整備	日々の人間教育
スタッフ	
評価・処遇	スタッフが長く活躍するための制度
福利厚生	スタッフが安心して働くための制度
出店	
コンセプト	ターゲットにとって「なくてはならないお店」を表す言葉
店長	「なくてはならないお店」を育て上げる責任者
キャッシュ・貯金	夢をかなえる原資
出店規模	最小の投資で最大の成果を生むもの
借入	夢をかなえるもう一つの原資
年間のもうけ	お客さまの満足・感動の蓄積

4 まとめ

以下の質問に答えて、戦術づくりを進めましょう。

- 戦術づくりは誰が主導していきますか?
- それぞれの定義をどう決めていきますか?
- それぞれの理想をどう決めていきますか?
- それぞれの重点行動をどう決めていきますか?

CHAPTER 5

目標数値に落とし込む

稼げる額ではなく稼ぐべき額から目標数値を計画する

第4章までは、未来像↓戦略↓戦術という順で経営方針を決定してきましたが、方針と同時に定めるべきものとして、最後に「目標数値」があります。

目標数値とは、どれだけの利益を、どう得るかについて数値で表したもの。多くのサロンで掲げる「年間の売上目標」なども、その一つです。ただし、そのほとんどは「前年売上＋10％」などと、実績をもとにした「稼げる額」の計画ではないでしょうか？

もちろん、前年実績を無視はできませんが、経営計画の一環として目標数値を立てる際は、**「未来像を実現するために稼がなくてはいけない額」**を根拠とし、そこからの逆算で売上の目標数値、そして行動の目標数値を立てます。

その目標数値は、次の3つの計画によって明らかにします。

①短期（1年）利益計画
②月別利益計画
③スタッフ別売上・行動計画

目標数値とは

未来像を実現するために、1年間で稼がなくてはいけない利益と、
その利益を出すための行動を数値で表したもの

1. 短期（1年）利益計画
   1年間の利益計画を数値で定めたもの
2. 月別利益計画
   1を月ごとの数値目標に落とし込んだもの
3. スタッフ別売上・行動計画
   2を各スタッフの数値目標に落とし込んだもの

未来像と売上目標を結び付ける

目標数値を立てる、一番最初の取り掛かりは、①**「1年間の借入金返済額」**と、②**未来像の実現に必要な「1年間で増やすべきキャッシュ」**です。この合計が、③**「1年間でもうけるべき額」**です。

そして、1年間でもうけるべき額が分かれば、ほぼ自動的に各種目標数値も決まります。以下、詳しく述べていきます（なお、ここでは目標数値をシンプルに把握するため、特別損益や営業外収益・費用などは除外しています）。

④固定費・減価償却費

売上と関係なくかかる固定費は、スタッフを増員する場合などを除き、前年実績とほぼ同じと考えます。

固定費のうち減価償却費は、帳簿上では費用に計上されますが、現金の支払いを伴わないため、その計上額が手元に残る計算となります。

⑤純利益・⑥営業利益

もうけるべき額③から減価償却費を引いた額が、実際に稼ぐべき純利益（税引後利益）です。ただし、営業活動で得た利益（営業利益、税引前利益）の約3分の1は税金として徴収されるため、営業利益は純利益の1・5倍が必要です。

⑦粗利益

営業利益＋固定費が、稼がなくてはならない粗利益となります。

⑧売上高

粗利益÷0・9が、年間総売上の目標数値となります。

このようにして立てた目標数値は、最初に述べた通り「未来像の実現に必要なキャッシュ」が出発点でしたね。つまり、この売上を達成するための日々のスタッフの行動と、経営者であるあなたの夢（未来像）をかなえることとが、ひとつながりになったのです。

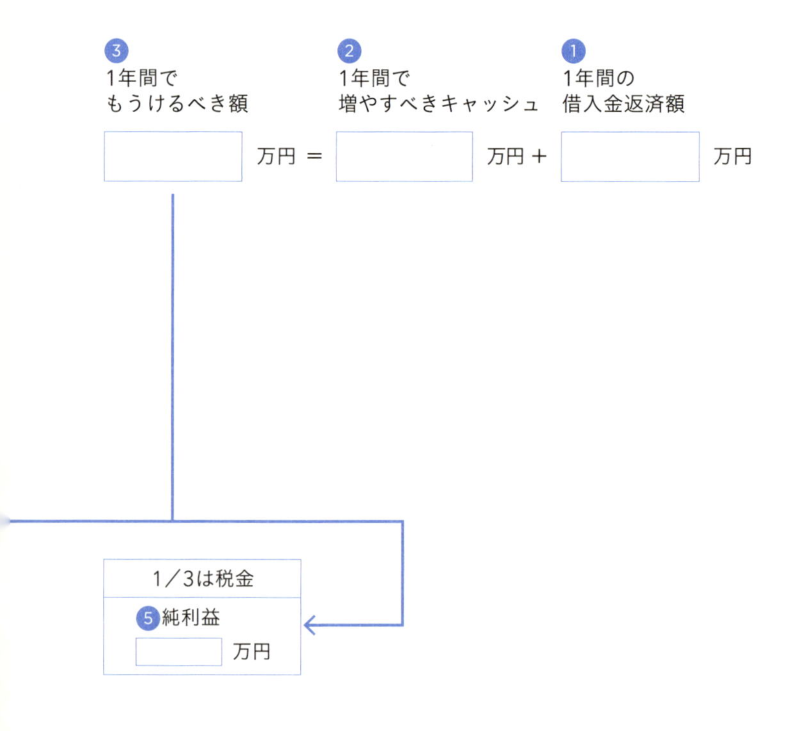
3
1年間で
もうけるべき額
万円 ＝
2
1年間で
増やすべきキャッシュ
万円 ＋
1
1年間の
借入金返済額
万円
1／3は税金
5 純利益
万円

キャッシュを増やすための短期利益・売上計画

以下の順で枠内に数値を記入する

1. 1年間の借入金返済額
2. 未来像の実現に必要な「1年間で増やすべきキャッシュ」
3. 1年間の借入金返済額 ＋ 1年間で増やすべきキャッシュ ＝ 1年間でもうけるべき額
4. 固定費（減価償却費は別枠に記入）
5. 「1年間でもうけるべき額」 －「減価償却費」→「純利益（税引後利益）」
6. 「純利益」×1.5→「営業利益（税引前利益）」
7. 「固定費」＋「営業利益」→「粗利益」
8. 「粗利益」÷0.9※→「売上高」

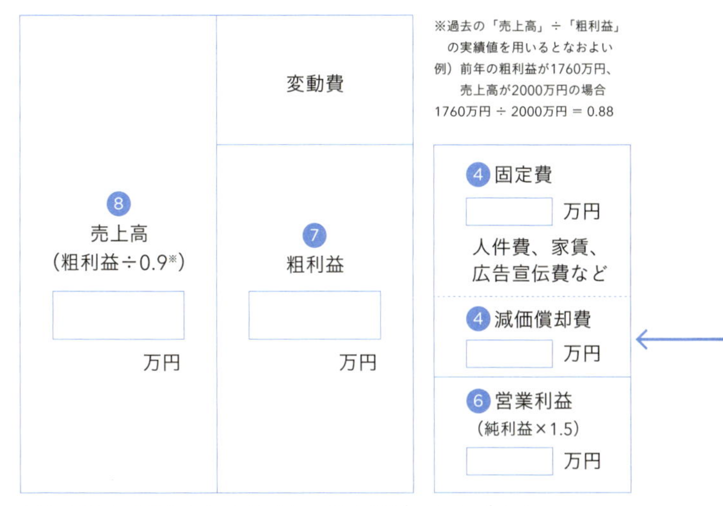

複数店舗を展開している場合は、各店舗ごとに上げるべき税引後利益を割り振り、4～8のプロセスで目標売上高を定める

年の目標を月の目標に置き換える

以上のようにして、「サロンの未来像を実現する」という視点から、１年間に必要な売上高を算出しました。しかし、これだけではまだ、「必要な売上高を得るために、各スタッフが具体的にどう行動すればいいか」は分かりません。

そこで、数値目標の立案の最後に、行動を「見える化」していきましょう。見える化の基本は細分化。そこで、まずは、１年間で稼ぐべき売上高をもとに「各月ごとの利益計画（月別利益計画）」を立てていきます。

※複数店舗を展開しているならば、店舗ごとに年間利益計画を割り振った後、月別利益計画を立てます。

具体的には、１年間に必要な売上高を各月に割り振った上で、前期実績を参考に技術売上・店販売上の目標を決めます。同時に、変動費や固定費なども、前期の数値をベースに算出し、それぞれ次ページの「月別利益計画表」に記入していきます。

また、１０４ページには、「月別利益計画表」の作成・記入例も示しましたので、参考にしてみてください。
なお、前に「短期利益計画は『稼げる額』ではなく『稼ぐべき額』から算出する」と述べましたが、月別利益計画には、前期同月の実績を併記することが重要です。併記することで、前期同月よりもどれだけ努力すればいいかが実感しやすくなるからです。
そして、各月の実績が出たら、それもすぐに（早ければ早いほどよいですが、遅くとも翌月15日までに）実績欄へ書き込んでいきます。

3月			4月			5月			6月		
前期	目標	実績	前期	目標	実績	前期	目標	実績	前期	目標	実績

9月			10月			11月			12月		
前期	目標	実績	前期	目標	実績	前期	目標	実績	前期	目標	実績

月別利益計画表

項目		年間目標	区分	1月			2月		
				前期	目標	実績	前期	目標	実績
売上高	技術売上高		当月						
			累計						
	店販売上高		当月						
			累計						
	計		当月						
			累計						
変動費	材料費		当月						
			累計						
粗利益			当月						
			累計						
固定費	人件費		当月						
			累計						
	その他諸経費		当月						
			累計						
	減価償却費		当月						
			累計						
	計		当月						
			累計						
営業利益			当月						
			累計						
純利益									

7月			8月		
前期	目標	実績	前期	目標	実績

3月			4月			5月			6月		
前期	目標	実績	前期	目標	実績	前期	目標	実績	前期	目標	実績
210	240	250	220	250		220	250		200	220	
615	690	720	835	940		1055	1190		1255	1410	
35	45	45	35	45		35	45		35	45	
95	125	130	130	170		165	215		200	260	
245	285	295	255	295		255	295		235	265	
710	815	850	965	1110		1220	1405		1455	1670	
25	29	30	26	30		26	30		24	27	
71	82	85	97	111		122	141		146	167	
221	257	266	230	266		230	266		212	239	
639	734	765	869	999		1098	1265		1310	1503	
110	128	133	115	133		115	133		106	119	
320	367	383	434	500		549	632		655	752	
61	71	74	64	74		64	74		59	66	
178	204	213	241	278		305	351		364	418	
10	10	10	10	10		10	10		10	10	
30	30	30	40	40		50	50		60	60	
187	211	217	193	217		193	217		181	199	
546	609	630	739	826		932	1043		1113	1242	
34	46	49	37	49		37	49		31	40	
93	125	135	130	173		166	222		197	261	

9月			10月			11月			12月		
前期	目標	実績	前期	目標	実績	前期	目標	実績	前期	目標	実績
210	240		210	240		200	220		275	360	
1915	2180		2125	2420		2325	2640		2600	3000	
35	45		35	45		35	45		70	90	
325	420		360	465		395	510		465	600	
245	285		245	285		235	265		345	450	
2240	2600		2485	2885		2720	3150		3065	3600	
25	29		25	29		24	27		35	45	
224	260		249	289		272	315		307	360	
221	257		221	257		212	239		311	405	
2016	2340		2237	2597		2448	2835		2759	3240	
110	128		110	128		106	119		155	203	
1008	1170		1118	1298		1224	1418		1379	1620	
61	71		61	71		59	66		86	113	
560	650		621	721		408	473		766	900	
10	10		10	10		10	10		10	10	
90	90		100	100		110	110		120	120	
187	211		187	211		181	199		247	310	
1704	1920		1891	2131		2072	2330		2319	2640	
34	46		34	46		31	40		64	95	
312	420		346	466		376	505		440	600	
									329	400	

月別利益計画表の作成・記入例

項目		年間目標	区分	1月			2月			7月			8月		
				前期	目標	実績	前期	目標	実績	前期	目標	実績	前期	目標	実績
売上高	技術売上高	3000	当月	210	240	260	195	210	210	245	300		205	230	
			累計	210	240	260	405	450	470	1500	1710		1705	1940	
	店販売上高	600	当月	35	45	40	25	35	45	55	70		35	45	
			累計	35	45	40	60	80	85	255	330		290	375	
	計	3600	当月	245	285	300	220	245	255	300	370		240	275	
			累計	245	285	300	465	530	555	1755	2040		1995	2315	
変動費	材料費	360	当月	25	29	30	22	25	26	30	37		24	28	
			累計	25	29	30	47	53	56	176	204		200	232	
粗利益		3240	当月	221	257	270	198	221	230	270	333		216	248	
			累計	221	257	270	419	477	500	1580	1836		1796	2084	
固定費	人件費	1620	当月	110	128	135	99	110	115	135	167		108	124	
			累計	110	128	135	209	239	250	790	918		898	1042	
	その他諸経費	900	当月	61	71	75	55	61	64	75	93		60	69	
			累計	61	71	75	116	133	139	439	510		499	579	
	減価償却費	120	当月	10	10	10	10	10	10	10	10		10	10	
			累計	10	10	10	20	20	20	70	70		80	80	
	計	2640	当月	187	211	220	172	187	193	220	262		184	205	
			累計	187	211	200	359	398	413	1333	1504		1517	1709	
営業利益		600	当月	34	46	50	26	34	37	50	71		32	43	
			累計	34	46	70	60	79	87	247	332		279	375	
純利益		400													

月の売上目標をスタッフの売上目標に置き換える

各月に必要な売上高が定まれば、各スタッフが各月、それぞれどれだけ売り上げたらよいかも決まります。

「スタッフ別売上計画」は、月別売上高をもとに、店舗に所属する各スタッフの売上計画を作成するものです。具体的には、各スタッフの前期同月の実績をもとに、技術売上・店販売上の毎月の目標値を決めていき、次ページの「スタッフ別売上計画表」に記入していきます。そして、各月の実績がまとまったら、すぐに実績欄へ記入する点も、前述の「月別利益計画表」と同様です。

また、110ページには、「スタッフ別売上計画表」の作成・記入例も示しましたので、参考にしてみてください。

なお、「月別利益計画表」までは、経営者だけが手元に置いておけばよいのですが、この「スタッフ別売上計画表」からは、各スタッフが持ち、自分の数字はもとより、同僚スタッフの数値も記入していきます。そうすることで、店内の誰が、今、どういう状況かが皆で共有でき、仕事がスムーズに進みやすくなります。

3月			4月			5月			6月		
前期	目標	実績	前期	目標	実績	前期	目標	実績	前期	目標	実績

9月			10月			11月			12月		
前期	目標	実績	前期	目標	実績	前期	目標	実績	前期	目標	実績

スタッフ別売上計画表

氏名		目標売上高	区分	1月			2月		
				前期	目標	実績	前期	目標	実績
	技術		当月						
			累計						
	店販		当月						
			累計						
	合計		当月						
			累計						
	技術		当月						
			累計						
	店販		当月						
			累計						
	合計		当月						
			累計						
計			当月						
			累計						

7月			8月		
前期	目標	実績	前期	目標	実績

3月			4月			5月			6月		
前期	目標	実績	前期	目標	実績	前期	目標	実績	前期	目標	実績
110	130	130	115	130		115	130		105	115	
320	370	380	435	500		550	630		655	745	
20	25	25	20	25		20	25		20	25	
55	70	70	75	95		95	120		115	145	
130	155	155	135	155		135	155		125	140	
375	440	450	510	595		645	750		770	890	
100	110	120	105	120		105	120		95	105	
295	320	340	400	440		505	560		600	665	
15	20	20	15	20		15	20		15	20	
40	55	60	55	75		70	95		85	115	
115	130	140	120	140		120	140		110	125	
335	375	400	455	515		575	655		685	780	
245	285	295	255	295		255	295		235	265	
710	815	850	965	1110		1220	1405		1455	1670	

9月			10月			11月			12月		
前期	目標	実績	前期	目標	実績	前期	目標	実績	前期	目標	実績
110	125		110	125		105	115		150	210	
1005	1150		1115	1275		1220	1390		1370	1600	
20	25		20	25		20	25		40	50	
190	235		210	260		230	285		270	335	
130	150		130	150		125	140		190	260	
1195	1385		1325	1535		1450	1675		1640	1935	
100	115		100	115		95	105		125	150	
910	1030		1010	1145		1105	1250		1230	1400	
15	20		15	20		15	20		30	40	
135	185		150	205		165	225		195	265	
115	135		115	135		110	125		155	190	
1045	1215		1160	1350		1270	1475		1425	1665	
245	285		245	285		235	265		345	450	
2240	2600		2485	2885		2720	3150		3065	3600	

スタッフ別売上計画表の作成・記入例

氏名		目標売上高	区分	1月			2月		
				前期	目標	実績	前期	目標	実績
古田土	技術	1600	当月	110	130	140	100	110	110
			累計	110	130	140	210	240	250
	店販	330	当月	20	25	20	15	20	25
			累計	20	25	20	35	45	45
	合計	1930	当月	130	155	160	115	130	135
			累計	130	155	160	245	285	295
吉岡	技術	1400	当月	100	110	120	95	100	100
			累計	100	110	120	195	210	220
	店販	270	当月	15	20	20	10	15	20
			累計	15	20	20	25	35	40
	合計	1670	当月	115	130	140	105	115	120
			累計	115	130	140	220	245	260
計		3600	当月	245	285	300	220	245	255
			累計	245	285	300	465	530	555

7月			8月		
前期	目標	実績	前期	目標	実績
130	160		110	120	
785	905		895	1025	
35	40		20	25	
150	185		170	210	
165	200		130	145	
935	1090		1065	1235	
115	140		95	110	
715	805		810	915	
20	30		15	20	
105	145		120	165	
135	170		110	130	
820	950		930	1080	
300	370		240	275	
1755	2040		1995	2315	

スタッフの売上目標を売上を上げるための行動目標に置き換える

あとは、各月の売上目標を達成するために、スタッフ一人ひとりが何をどう行動すればいいかについて「スタッフ別行動計画」で定めていきます。この「スタッフ別行動計画」を立てることで、売上を上げるために行なうべき行動が明確になります。

行動計画を立てる際は、サロン全体で行なうキャンペーンなどとリンクさせ、重点的に取り組む行動を数点に絞り込むと、行動に移しやすくなります。

また、例えば「ポスティングする」ではなく「半径300メートル以内の500軒にポスティングする」、「新しいシャンプー剤をお客さまに紹介する」ではなく「シャンプー剤を顧客50人に紹介する」など、取り組むべき行動を数値化していくことが重要です。数値化することで、行動の達成度が明確になります。

こうした各人・各月の行動を、次ページの「スタッフ別行動計画表」に記していきます。この表は、各スタッフが1枚ずつ保管し、すべき行動を常に意識するとともに、月末には、実際に上げた売上数値と行動およびその数値を記入し、目標値とずれがあるならば、それは何が原因かを検討していきます。目標未達の場合はもちろん、目標を大きく上回った場合も、その要因を分析することで、翌月以降の行動に生かすことができます。なお、このときに要となるのが店長です。店長がいかにスタッフ一人ひとりと向き合い、数字によってスタッフを指導できるか、すなわち「店長力」が問われます。

116ページには、「スタッフ別行動計画表」の作成・記入例も示しましたので、参考にしてみてください。

以上で、未来像から始まった経営計画が全て立案できました。この経営計画のポイントは、**全て「サロンの未来像」からひと続きになっていること**。つまり、スタッフの行動と、サロンの未来像とが、経営計画によってひと続きになったわけです。

ただし、どんなに優れた計画でも、実際に運用しなければ画餅に終わります。そこで第6章からは、経営計画の運用について述べていきます。

4月			5月			6月		
前期	目標	実績	前期	目標	実績	前期	目標	実績

10月			11月			12月		
前期	目標	実績	前期	目標	実績	前期	目標	実績

スタッフ別行動計画表

氏名 ＿＿＿＿＿＿＿＿

		1月			2月			3月		
		前期	目標	実績	前期	目標	実績	前期	目標	実績
技術売上	当月									
	累計									
店販売上	当月									
	累計									
合計	当月									
	累計									
技術売上行動計画										
実際の行動										
店販売上行動計画										
実際の行動										

7月			8月			9月		
前期	目標	実績	前期	目標	実績	前期	目標	実績

4月			5月			6月		
前期	目標	実績	前期	目標	実績	前期	目標	実績
105	120		105	120		95	105	
420	480		525	600		620	705	
15	20		15	20		15	20	
60	85		75	105		90	125	
120	140		120	140		110	125	
480	565		600	705		710	830	
・休眠客15人に DM発送			・顧客のうち30人に ヘアカラー提案			・休眠客15人に DM発送		
・既存客80人に スタイリング剤案内			・既存客80人に スタイリング剤案内			・既存客40人に 夏用シャンプー剤案内		

10月			11月			12月		
前期	目標	実績	前期	目標	実績	前期	目標	実績
100	115		95	105		125	150	
1030	1185		1125	1290		1250	1440	
15	20		15	20		30	40	
155	215		170	235		200	275	
115	135		110	125		155	190	
1185	1400		1295	1525		1450	1715	
・休眠客15人に DM発送			・休眠客15人に DM発送			・全顧客に来店促進 DMを発送		
・既存客80人に スタイリング剤案内			・既存客80人に スタイリング剤案内			・店販キャンペーン月、 10人に福袋販売		

スタッフ別行動計画表の作成・記入例

氏名　吉岡 勝徳

		1月			2月			3月		
		前期	目標	実績	前期	目標	実績	前期	目標	実績
技術売上	当月	110	130	140	105	120	110	100	110	120
	累計	110	130	140	215	250	250	315	360	370
店販売上	当月	15	25	20	15	20	25	15	20	20
	累計	15	25	20	30	45	45	45	65	65
合計	当月	125	155	160	120	140	135	115	130	140
	累計	125	155	160	245	295	295	360	425	435
技術売上行動計画		・顧客のうち30人にパーマ提案			・休眠客15人にDM発送			・顧客のうち30人にヘアカラー提案		
実際の行動		・顧客40人にパーマ提案、20人施術			・休眠客15人にDM発送、8人来店			・顧客30人にパーマ提案、10人施術		
店販売上行動計画		・店販購入者80人にシャンプー剤案内			・既存客80人にスタイリング剤案内			・既存客80人にトリートメント料案内		
実際の行動		・顧客60人に案内、15人購入			・80人にスタイリング剤案内、25人購入			・60人に案内、20人施術		

7月			8月			9月		
前期	目標	実績	前期	目標	実績	前期	目標	実績
115	140		95	110		100	115	
735	845		830	955		930	1070	
20	30		15	20		15	20	
110	155		125	175		140	195	
135	170		110	130		115	135	
845	1000		955	1130		1070	1265	
・顧客のうち30人に夏パーマ提案			・休眠客15人にDM発送			・顧客のうち30人にヘッドスパ提案		
・全顧客に店販キャンペーン案内			・既存客60人にスキンケア剤案内			・店販購入者80人にシャンプー剤案内		

以下の質問に答えて、目標数値を出しましょう。

- 未来像を実現するために、1年間当たりに増やすべきキャッシュは？
- そのキャッシュを得るために必要なもうけは？
- 毎年の固定費と減価償却費は？
- 必要な粗利益は？
- サロンの変動費は？
- 最終的に、1年間でどれだけの売上を出す必要がありますか？

CHAPTER 6

経営計画を運用する[1]
発表し、浸透させる

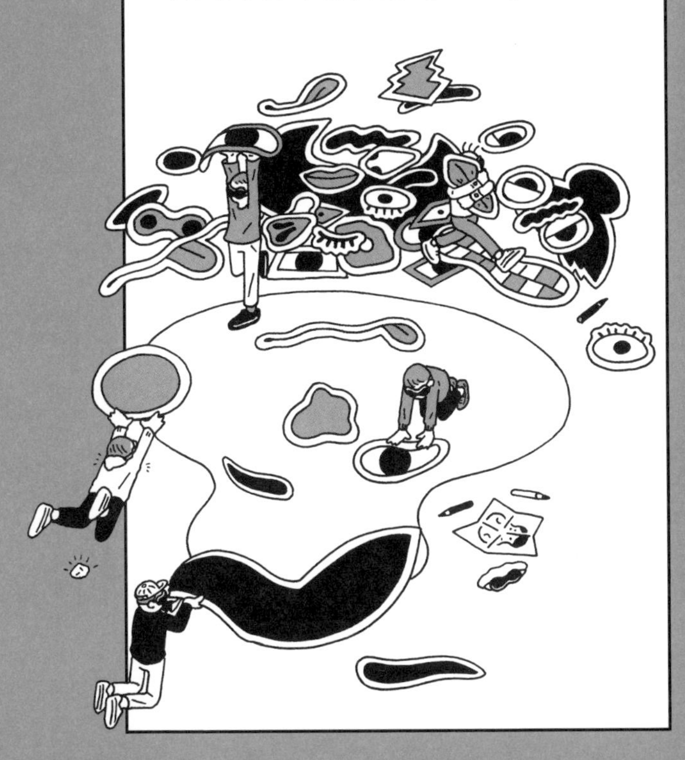

計画を計画だけで終わらせないために

第5章までで、未来像を実現するための経営計画が完成しました。
しかし、計画とは、これを実行して初めて意味を持つものです。具体的には、PDCA（計画・実行・評価・改善）のサイクルを回していくことが重要。そこでまずは、「実行」について考えていきます。
「経営計画を実行する」といっても、単に「経営計画通りに行動しなさい」と言うだけでは、スタッフは行動を起こしません。実行へ移していくためには、「発表」と「浸透」という2つのプロセスが必要です。

①発表

経営計画を対内的・対外的に発表し、実行することを宣言します。

②浸透

実行する内容を、日々の行動と定期勉強会によって、スタッフ間へ定着させます。

経営計画を運用する

計画を実行するプロセス

1. 発表 … 経営計画発表会の実施
2. 浸透 … 日々の行動
定期勉強会

経営計画を発表し、実行を宣言する

経営計画の実行に際しては、まず経営計画を大々的に発表すべきです。発表することで、実行への第一歩を踏み出すことができます。

また、経営計画が「経営者やサロンのもの」から「社会のもの」ともなります。具体的には、金融機関やメーカー、取引ディーラーなどに、「このサロンはしっかり経営計画を定め、実行しようとしている」と認めてもらうことができます。

発表会開催のポイントを以下に述べていきます。

◯スタッフの処遇と未来

1つめは、計画を達成することによって、スタッフにどんなポストを用意でき、どれだけの給与を約束できるかを打ち出すこと。極論を言うと、スタッフにとって最大の関心事は「自分のこと」です。発表会の主役はあくまでもスタッフと心得て、スタッフが、その処遇や未来にわくわくできるように、経営者であるあなた自身も楽しく発表することが、一番大切です。すると、スタッフは経営計画を「自分がなすべきこと」として受け止めるようになります。

〇責任の所在とその宣言

2つめは、責任の所在を明らかにすることです。すなわち、「経営計画を実行する責任」はスタッフが持つ一方、「計画を達成した結果として利益が上がり、その利益をスタッフへ還元する責任」は経営者が持つことを宣言します。

言い換えると、計画を達成しても利益が上がらず、スタッフに還元できないものは、計画とはいえません。

〇緊張をほぐす懇親会

経営計画は、発表しただけで終わらせず、発表会の緊張をほぐすための懇親会を実施すると、スタッフの心が打ち解け、経営計画も共有しやすくなります。

その内容は自由ですが、特におすすめしたいのは「ボーナスの手渡し」。金銭で釣るようではありますが、ボーナス支給のことを事前に伝えておくと、発表会中もダレることなく、わくわく感が続きます。

① 経営計画発表会を開催する

◯ なぜ行なうのか？

社内に向けて ……… 経営者の方針とスタッフの処遇・未来を
スタッフへ伝え、スタッフをわくわくさせる

社外に向けて ……… 金融機関、ディーラー、メーカーなどを招待し、
サロンおよびサロンの経営方針をアピールして、
理解と協力を得る

◯ いつ行なうのか？

事業年度の開始初日や創業記念日

◯ どこで行なうのか？

経営計画発表会を「儀式」と位置付けるために、ホテルや会議室など、
サロン以外の場所が望ましい

経営計画発表会の内容

第1部

〈　経営計画発表会　〉

経営者・スタッフの思いがこもった
経営計画を発表し、共有する

経営者の方針発表：経営者が利益責任を宣言する

【話す内容】
○ サロンの未来像
○ どんな事業を行なうか
○ どのくらいの規模にするか
○ スタッフの処遇をどうするか

スタッフの実行宣言：経営者の方針に対し、スタッフが実行責任を宣言する

↓

第2部

〈　懇親会　〉

第1部の緊張をほぐす

【懇親会のコンテンツ例】
○ 他サロンの経営者や技術者などによる講演
○ 永年勤続表彰、成績優秀者表彰
○ 来賓への感謝の表彰
○ 店長からスタッフへの感謝の表明
○ ボーナスの手渡し
○ 創業時の映像などの放映
○ スタッフの家族を招いての懇談

…… など

頭で理解したことを身体に移していく

ただし、経営計画を発表しただけでは、スタッフはその内容を頭で理解はしても、まだ身には付いておらず、なかなか実行には至りません。

そこで必要なのが、「経営計画をスタッフに浸透させる」というプロセスです。

具体的には、「定期勉強会」と、経営計画にのっとった「日々の行動」という、2つの柱で浸透させていきます。

○定期勉強会

経営計画の中身を少しずつインプットし、理解を促します。一例として古田土会計では、毎週月曜日の朝に45分間、古田圡が講師になり、経営計画書の勉強会を行ないます。

○日々の行動

経営計画の内容を毎日実践し、アウトプットすることで、体に定着させていきます。古田土会計では、勉強会の出席回数、サンクスカード枚数、環境整備点数（書類が山積みではないか、設備が所定の位置に戻っているか）などを毎月チェックしています。

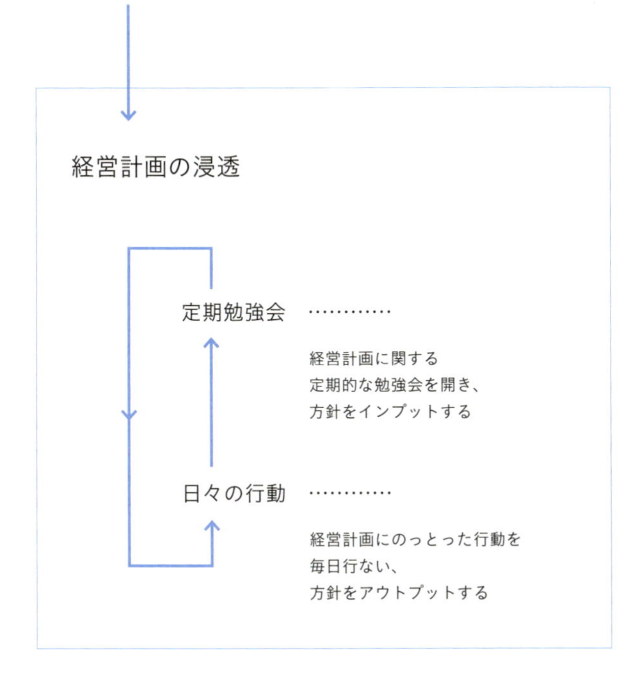
② 全スタッフに浸透させる
経営計画書の作成
経営計画の発表
経営計画の浸透
定期勉強会
経営計画に関する
定期的な勉強会を開き、
方針をインプットする
日々の行動
経営計画にのっとった行動を
毎日行ない、
方針をアウトプットする

諦めず粘り強く勉強し、行動する

○定期勉強会

毎週1回、少なくとも2週に1回は、45分程度の時間を設け、経営者を講師役とする全スタッフ参加の経営計画勉強会を実施します。

その基本的な内容は、経営計画書の読み合わせや、重要な部分の解説、質疑応答など。未来像から始まり、長期事業構想、中期事業計画、戦略、戦術……と、項目ごとに少しずつ進めていくことをおすすめします。

多くのサロンでは、朝礼や清掃のために朝から全スタッフが集合しますから、その中の1日を繰り上げ出勤するか、または営業開始時刻を1時間繰り下げると、勉強会の時間を捻出しやすくなります。

繰り上げ出勤の難しいパートタイムのスタッフなどには、アイドルタイム中に、別途勉強会を開くとよいでしょう。

○日々の行動

禅の精神に「形から入り、心に至る」という言葉がありますが、スタッフに日々の行動を促し、「形」にすることで、経営計画の「心」が浸透していきます。

実施すべき行動は、第5章で述べた「重点行動」。これを毎日行ないます。

その際、重要なことが2つあります。

1つめは、経営者自ら率先して行なうこと。

2つめは、最初はスタッフが積極的に行動しなくても諦めず、粘り強く行なうこと。

率先し、諦めずに行なう経営者の姿勢に、スタッフは付いていきます。

そうして、経営計画の内容を行動し続けることにより、習慣になり、社風になり、そして文化になります。

つまり、行動を通じ、経営計画がサロンの文化となるのです。

定期勉強会と日々の行動

	なぜ	いつ	誰が	何を
定期勉強会	価値観の共有と経営計画書の理解を通じ、経営方針を浸透させる	週1回、45分程度	経営者(講師役)・全スタッフ	経営計画書の読み合わせ、解説、質疑応答……など
日々の行動	経営計画の内容を実際に行動へ移すことで、経営方針を浸透させる	毎日	経営者・全スタッフ	重点行動として定めたこと

日々の行動の実践

例）重点行動のうち、毎日行なうものとして「全員あいさつ」「近隣清掃」を
掲げている場合

◯ 全員あいさつ

スローガン …… あいさつは仕事に優先する

具体的な行動 ……

・お客さまが来店する際は、全員が仕事の手を止め、お客さまに向かってあいさつする。
・移動や退店などでお客さまが近くを通った際は、仕事の手を止めてあいさつする。
・スタッフ同士のあいさつも徹底する。上司・部下の関係なく、後から出勤した者が、
先に出勤した者へあいさつに行く。

◯ 近隣清掃

スローガン …… 成功するサロンは感謝されるサロン

具体的な行動 ……

・定期勉強会の日を除き、毎日開店1時間前から30分間、
駅前からサロンまでの道のりと、サロンの立地する区画を清掃する。

CHAPTER

6 まとめ

以下の質問に答えて、経営計画を発表・浸透させましょう。

- 経営計画発表会は何月何日に、どこで実施しますか？
- 外部から誰を来賓として招きますか？
- どんなスタッフの処遇・未来を発表してわくわくさせますか？
- 懇親会はどんなプログラムにしますか？
- 定期勉強会は何曜日の何時から行ないますか？
- 重点行動に掲げた「日々の行動」を、具体的にどう行動していきますか？

CHAPTER 7

経営計画を運用する[2]
実行状況を評価する

計画の進捗状況を店長主導で評価する

第5章~第6章では、各スタッフが特に意識すべき目標として、大きく、

①スタッフ各自が達成すべき売上目標
②売上目標を達成するための行動計画
③経営計画の浸透を目的とした、「日々の行動」に関する行動目標

の3点を挙げました。

これらの目標を掲げ、実施を促すだけで達成できるならば、経営者は何の苦労もありません。しかし実際には、なかなか計画通りにはいかないもの。そこで、計画の達成状況を定期的に評価するとともに、計画通りに進んでいないならば、それを改善する取り組みが必要です。

具体的には、月の初めに1回、前月の売上成績がまとまった段階で、**現場とじかに接する店長**（少人数サロンの場合は経営者）**主導で、**評価改善（CA）ミーティングを実施します。

行動を評価し、改善する（PDCAの「CA」）

◯ 経営計画の作成（P）と実行（D）——第6章まで

↓

◯ 経営計画の評価（C）と改善（A）——本章

評価改善（CA）ミーティングの実施

なぜ	いつ
◯ 経営計画をもとに定めた売上目標や行動目標の達成状況を確認するため ◯ 計画が達成できた（できなかった）理由を確認し、改善案を検討するため	◯ 月1回、月初

誰が	何を
◯ 現場責任者（店長がいる場合は店長、いない場合は経営者） ◯ 店舗スタッフ	◯ 前月の売上成績の報告 ◯ 売上目標達成・未達成とも、その原因の評価 ◯ 行動計画の実施状況とその評価 ◯ 行動達成に向けた改善案の検討 ◯ 質疑応答……など

評価は執念、改善は執念の成果

評価改善ミーティングは、次のように進めていきます。

①前月の売上成績の報告

店長（経営者）以下、スタッフ全員の月間売上成績を発表し、売上計画の数値と照らし合わせていきます。

②前月の行動の報告

スタッフ別行動計画に基づいた、実際の行動内容も同時に発表します。

第5章でも述べた通り、取り組むべき行動計画は全て、数値化することが重要です。こうすることで、実際に行動した回数との差を、客観的に照合できます。

③原因の評価と改善

売上目標を達成できなかったならば、その原因は何にあるかを評価します。

例えば、行動目標も達成できていない場合、売上目標未達の原因は、「行動しなかったこと」にあると考えられます。ならば、「なぜ行動できなかったのか」という原因を分析し、その障害を排除することで、行動できる環境を整えていきます。これが店長の「腕の見せどころ」です。

一方、行動目標は達成できているならば、その行動目標自体が、売上目標を達成する行動になっていない、と考えられます。行動目標自体の見直しが必要です。

こうした評価と改善は、売上目標を達成した場合も同様に行なっていきます。

④「日々の行動」の評価

経営計画方針にのっとった「日々の行動」についても、その実践状況をチェックします。売上には直接関係しませんが、経営計画の浸透を図るために重要です。

経営計画の中でも、最も大変で、挫折しやすいのが、この「評価」です。

しかし、大変だからこそ、執念をもってきちんと評価し、改善できるサロンは、他のサロンから一歩抜け出す存在になれるのです。

評価と改善のフローチャート

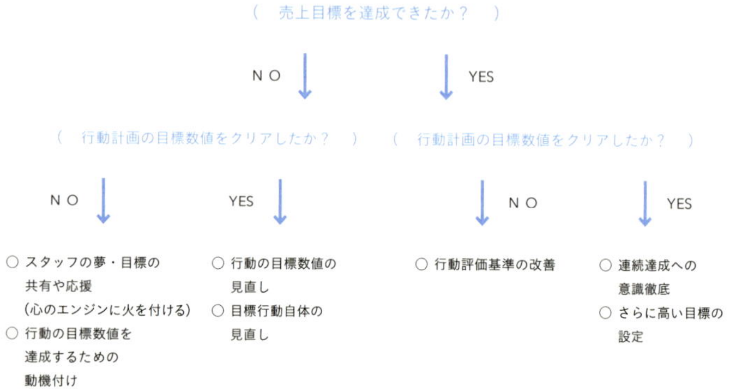

（　売上目標を達成できたか？　）

ＮＯ ↓　　↓ YES

ＮＯ →（　行動計画の目標数値をクリアしたか？　）

ＮＯ ↓

○ スタッフの夢・目標の共有や応援（心のエンジンに火を付ける）
○ 行動の目標数値を達成するための動機付け

YES ↓

○ 行動の目標数値の見直し
○ 目標行動自体の見直し

YES →（　行動計画の目標数値をクリアしたか？　）

ＮＯ ↓

○ 行動評価基準の改善

YES ↓

○ 連続達成への意識徹底
○ さらに高い目標の設定

全ての行動は数値化して評価し改善する

例）「全員あいさつ」「近隣清掃」を数値で評価する（第5章参照）

○ 全員あいさつ　……
仕事の手を止めなかったスタッフの
存在に気付いたら、
その旨を指摘した上で回数を記録する
○ 近隣清掃　……
清掃に参加した回数を記録し、
1ヵ月ごとに取りまとめて評価する

↓

○ あいさつや清掃ができない要因を
特定する
○ あいさつや清掃に
取り組みやすくなる仕組みをつくる

CHAPTER

7 まとめ。

以下の質問に答えて、行動を評価し改善していきましょう。

- 売上目標を達成するための行動計画はクリアしましたか？
- 売上とは直接関係ないが、経営方針にのっとった行動計画はクリアしましたか？
- それぞれクリアできていないならば、何が障害となっていましたか？
- その障害はどうすれば取り除けますか？

CHAPTER 8

来期の経営計画を策定する

今期実績という現実をもとに来期の未来像を描く

経営計画とは、スタッフとサロンの未来像であり、経営者の夢を具現化したものです。経営計画の一つである短期利益計画と、店舗別・スタッフ別売上計画も、原則的には、この夢をもとに策定するものですし、来期の経営計画も同様です。

一方、前章でお伝えした通り、毎月のCAミーティングによって、売上計画や行動計画がどう進展しているかという現実も把握できます。この現実を無視し、来期の経営計画を立てようとしてもうまくいきません。あまりに高い計画を立てれば最初から計画の達成は望めず、逆に、あまりに低い計画は、容易に達成できてしまうため、サロンやスタッフの成長が望めません。

そこで、来期の経営計画を立てる際、経営者は、現実の数字に加えて、現場スタッフをよく把握している店長からの意見とも擦り合わせていく必要があります。

2つの「来期売上計画」

◯ 経営者による来期売上計画
（トップダウン計画）

計画策定のために参照する情報

- ◯ 未来像実現のために、来期に必要なキャッシュ
- ◯ CAミーティング（第7章参照）で報告を受けた売上成績や、スタッフの行動、成長度合い
- ◯ 来期の戦略

…など

◯ スタッフ・店長による来期売上計画
（ボトムアップ計画）

計画策定のために参照する情報

- ◯ 各スタッフの今期売上を元にした来期売上目標
- ◯ 各スタッフの行動計画の達成状況
- ◯ 現場の状況
- ◯ 店舗を取り巻く環境
- ◯ 来期の戦術、および今期の戦術からの改善点

…など

2つの「来期売上計画」をすり合わせる

トップダウン計画とボトムアップ計画を擦り合わせる

サロンの未来像→その未来像の実現のために得るべき1年間のキャッシュ→そのキャッシュを得るために必要な1年間の売上……のように、経営者視点で立てる売上計画を**「トップダウン計画」**といいます。

逆に、各スタッフの現状→各スタッフの努力と成長によって達成できる売上→その合算の売上……のように、現場スタッフ・店長視点で立てる売上計画を**「ボトムアップ計画」**といいます。

来期の計画を立案する際は、この2つの計画を持ち寄って、「擦り合わせ会議」を実施します。

○ちょうどいい「背伸び」

達成不可能な計画ではモチベーションがもたず、容易に達成できる計画では成長できません。

現場をよく知る店長やスタッフの意見を聞き、成長かつ達成できる計画を立てます。

◯計画の開きの修正

トップダウン計画の数値とボトムアップ計画のそれが同じ、またはボトムアップ側の方が大きいならば、擦り合わせは終了。ボトムアップ側の数値があまりに大きいならば、本当に達成可能か確認すべきですが、基本的にはスタッフ・店長が掲げた目標を、各自が責任をもって達成していきます。

一方、トップダウン側の数値が大きいならば、経営者が責任をもって調整します。具体的には、各スタッフの売上目標の精査や、売上アップのための新たな戦略づくりを行ないます。

それでもトップダウン計画の数値に達しないならば、経営者はその目標数値＝夢を縮小すべきです。

◯店長がいない場合は

小規模サロンなど、店長を置いてない場合は、経営者が直接、各スタッフの来期売上目標を立て、その合算と、経営者としての計画とを擦り合わせます。

売上計画をもとに
来期の戦略と戦術を策定する

擦り合わせが終わり、来期の売上計画が決定したら、その売上計画を達成できるように、来期の戦略の見直しと、戦術の策定を行なっていきます。やり方は第3章〜第4章で述べた通りです。

一例として古田土会計では、戦略については社長である古田圡が、経営計画発表会の約3ヵ月前から、集中して見直しを行ないます。また、戦術については、発表会の1ヵ月半ほど前に、全社員で丸一日かけて個別の方針の見直し会議を実施します。余談ですが、この会議に際しては、一人ひとりが必ず1個以上の改善案を持って参加することがルールとなっています。

来期売上計画の擦り合わせ

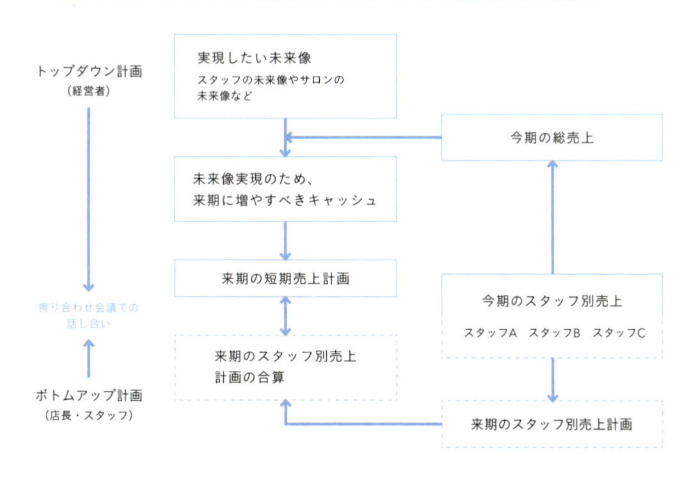

トップダウンとボトムアップの数値にずれがあるなら

短期売上計画　≦　スタッフ別売上計画の合算　→　「スタッフ別売上計画の合算」の数値を採用

短期売上計画　＞　スタッフ別売上計画の合算　→　以下の順に見直しを行なう

1. 「スタッフ別売上計画」の上方修正
2. 新メニューの導入など、売上アップの仕組みづくり
3. 「短期売上計画」の下方修正

CHAPTER 8 まとめ

以下の質問に答えて、来期の経営計画を立てましょう。

- 未来像実現のために必要な来期のキャッシュはいくらですか?
- 必要なキャッシュを得るための総売上目標はいくらですか?
- その総売上目標は、今期成績から「ちょうどいい背伸び」をして届く数値ですか?
- その総売上目標をもとにした計画は、ボトムアップの計画とずれていませんか?

CHAPTER 9

それでも赤字になるならば

黒字化の方法は、固定費を減らすか、粗利益を増やすか

赤字になる理由を一言でいうと、「粗利益と固定費の背比べ」で、粗利益が負けているから。黒字にするには、固定費を減らすか粗利益を増やすかのどちらか（あるいは両方）が必要です。

固定費において、まず減らすべきは役員報酬です（スタッフの人件費は、他店と比較した相場観や、働きに見合った報酬という意味で考えると、減らすことはできません）。言い換えると、もし赤字であるならば、経営者はサロンの実力に見合わない報酬を受け取っているのだといえます。

一方、粗利益は売上高－変動費ですから、売上高を増やすか、変動費を減らすかが必要です。変動費について、サロンでの理想は10％程度。それを超えているなら是正も必要ですが、それでも数％の改善にとどまります。やはり、売上高アップが、粗利益を増やす王道でしょう。ぜひ、第3章に戻り、戦略マップの見直しをしてみてください。

粗利益と固定費の背比べ

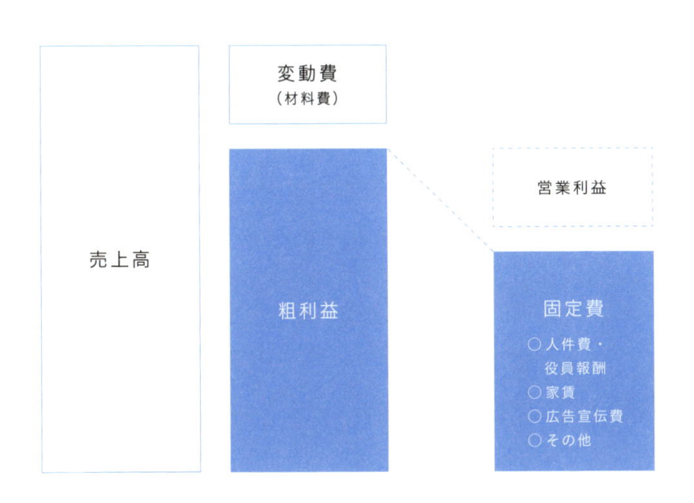

○ 黒字の場合 …… 粗利益 > 固定費
○ 赤字の場合 …… 粗利益 < 固定費

赤字を黒字にするには

❶ 固定費を減らす

人件費・役員報酬を減らす
家賃を下げる
広告宣伝費を減らす

❷ 粗利益を増やす

売上高を増やす
変動費を減らす

未来を描けないサロンに人は定着しない

本書で繰り返し述べてきた通り、経営計画とは、未来像の実現に向けて黒字にし、必要なキャッシュを得るために策定するもの。逆に言うと、経営計画を策定し、運用したサロンは、原則的に黒字になります。

しかし残念ながら、経営計画を立てても赤字になることがあります。その理由は、次ページに挙げる通りさまざまですが、最大の要因は「経営計画で予期していない事態が起きた」ため。具体的にはスタッフの予定外の退職による売上減です。

もちろん、十分に成長したスタッフが、独立を志して円満に退職するケースもあります。が、これは計画に織り込むことができます。そうではなく、スタッフが突如退職してしまうなら、最も大きな理由は**「経営者やサロンそのものに魅力がない**（少なくとも、スタッフにそう思われている）**から」**。そして、魅力がない理由は、スタッフにとって、そのサロンでは自身の未来を描けないからです。

経営計画を立てても赤字になるならば

〈　赤字になる理由　〉

- ◯ 経営者の戦略が間違っており、黒字にならない経営計画だった
- ◯ 経営計画が非現実的で、スタッフが実践できなかった
- ◯ 経営計画に対する経営者自身の理解が足りなかった
- ◯ 経営計画の意味がスタッフに浸透しなかった
- ◯ 売上や利益などの数値がスタッフと共有できなかった
- ◯ 経営計画で予期していない事態が起きた（主にスタッフの突然の退職）

スタッフの突然の退職が起こる理由を突き詰めると……

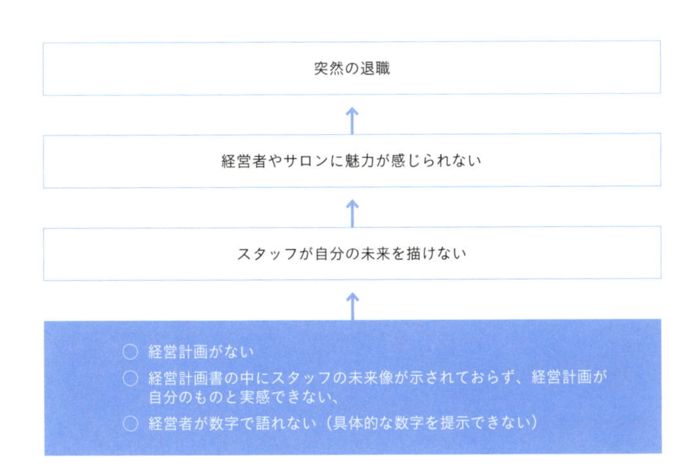

経営計画とは
サロンの魅力そのもの

これも本書で繰り返し述べてきたことですが、経営計画とは、経営者にとっては、自らの夢を実現するとともに、雇用したスタッフとその家族を守るために作成するものです。これをスタッフの側から言い換えると、スタッフにとっての経営計画とは、スタッフ自身にとって、安心でき、わくわくできて、未来を描ける計画でなくてはなりません。このとき、経営計画を作成していなかったり、経営計画が経営者の欲を満たすためだけのものであるような場合はもちろんですが、たとえ経営者がスタッフのことを思って作成したものであっても、その意図が伝わっていなければ、経営計画がないのと同じです。

では、どのように伝えていくのか。

一つは、本書の第6章にある通り、経営計画を発表し、定期勉強会などを通じ浸透させていくことです。

そしてもう一つは、経営者自身が先頭に立ち、率先して経営計画書の通りに実践していくことにあります。

とはいえ最初は、計画通りには行動できないかもしれません。しかし、それでも大丈夫です。大事なのは、行動し、努力すること。スタッフのために行動し、努力する姿勢を、スタッフは見て、感じ取って、付いていくようになります。

経営計画をスタッフに提示し、共有し、全員で実践できるサロンが、今後確実に勝ち残れるサロンなのです。

CHAPTER 9 まとめ

以下の質問に答えて、経営計画を確固たるものとしましょう。

- あなたのサロンが黒字になっている、または赤字になっている大きな要因は何だと考えていますか？
- 黒字を維持する、または赤字から黒字へ転換するために必要な施策は何ですか？
- その経営計画を、今後どう数値としてスタッフと共有していきますか？
- スタッフの明るい未来像をつくる意欲と愛はありますか？

最後まで読んでくださり、ありがとうございます。
皆さんお気付きの通り、本書は、サロン経営の実践書たる経営計画書を作成し、運用するための本です。
ということは、本書は、「読む」のではなく「使う」ための本だったのです。
ですので、ぜひとも、本書をワークブックとして「使い倒して」ください。
ここでもう一度、原点を思い出してみましょう。
なぜ、あなたは、サロン経営をしているのですか？
もっと言えば、なぜ、あなたは、働いているのですか？
私ども古田土会計では、
「人が幸せになるために会社があります」と言い切っております。
「人」とは、社員のことです。
なぜ、あなたはサロン経営をしているのか。
それは、あなたの下で働いてくれているスタッフとその家族を幸せにするためではないでしょうか。
もし、自分の生活のためだけにサロン経営をしているのであれば、本書は、役に立ちません。

まずは、スタッフに対して、「働かせてやっている」から、「働いていただいている」へ発想を変えることも、必要なのかもしれません。

私ども古田土会計では、人件費の定義を明確にしております。

「人件費とは、手段ではなく、目的である。

そして、利益とは、目的ではなく、手段である」

この価値観にご賛同いただけるサロン経営者のみが、この熾烈な過当競争の美容業界において、成長拡大しながら勝ち残れるのだ、と信じております。

膨張拡大ではなく、成長拡大とするためにも、経営計画書は、必須となります。

ぜひとも、本書を「使い倒して」、真の意味での勝ち組サロン経営者になっていただきたい、と願っております。また、別途経営計画作成セミナーも企画しております。ぜひご活用ください。

最後になりますが、女性モード社の古田氏には、10回以上にもわたる打ち合わせの中で、私ども古田土会計の価値観をご理解いただき、数字にも強くなっていただき、私どもの想いを言葉にしていただきました。本当に熱いスーパーコーディネーターです。古田さん無しでは、本書は誕生しておりません。心より感謝申し上げます。

税理士法人 古田土会計

1983年1月11日、古田土 満代表社員の「中小企業の経営に役立つことこそ会計事務所の社会的使命」という思いをもとに設立。月次決算書による会計指導と経営計画書の作成指導などを行なっている。

https://www.kodato.com/

サロンのための経営計画

2017年 7月25日　初版発行
2019年 9月30日　第2刷発行

定　価　　本体1,800円+税

著　者　　税理士法人 古田土会計
発行人　　寺口昇孝
発行所　　株式会社女性モード社 j-mode.co.jp
東京／161-0033
東京都新宿区下落合3-15-27
tel.03-3953-0111 fax.03-3953-0118
大阪／541-0043
大阪府大阪市中央区高麗橋1-5-14-603
tel.06-6222-5129 fax.06-6222-5357

印刷・製本　　吉原印刷株式会社
ブックデザイン　　krran(西垂水 敦)
イラスト　　海道建太

Published by JOSEI MODE SHA Co.,Ltd.
Printed in Japan.